사라진 내 사랑
지워지지 않아
숨만 땅이 꺼져라 쉬죠
내 가슴속에 이죠 (say goodbye)
내가 없인 살 것만 같았던 나
새 게도 그럭저럭 혼자 잘 살아
고 싶다 넌 아무 대답 없잖아
톤 기대 이젠 소용없잖아
옆에 있 뭔지 혹시 널 울리진 않는지
그대 내가 는지 벌써 싹 다 잊었는지
걱정돼 다 말을 걸 수조차 없어 애태우고
홀로 밤을 지새우죠 수백 번 지워내죠
돌아보지 말고 떠나가라
또 나를 찾지말고 살아가라
너를 사랑했기에 후회 없기에

바람처럼 흔들리는 내 맘
연기처럼 사라진 내 사랑
문신처럼 지워지지 않아
한숨만 방이 꺼지라 쉬죠
내 가슴속에 먼지만 쌓이죠 (say goodbye)
네가 없인 단 하루도 못 살 것만 같았던 나
생각과는 다르게도 그럭저럭 혼자 잘 살아
보고 싶다 보고 불러 봐도 넌 아무 대답 없잖아
헛된 기대 걸어 봐도 이젠 소용없잖아
네 옆에 있는 그 사람이 뭔지 혹시 널 울리진 않는지
그대 내가 보이긴 하는지 벌써 싹 다 잊었는지
걱정돼 다가가 가조차 말을 걸 수조차 없어 애태우죠
나 홀로 밤을 지새우죠 수백 번 지워내죠
돌아서지 말고 떠나가라
웃지 말고 살아가라
[illegible]

顏安娜／著　高小琪／文字協力

姊妹揪團瘋釜山

地鐵暢遊×道地美食×購物攻略×打卡聖地，延伸暢遊新興旅遊勝地大邱

2019 增訂版

釜山，説走就走！

身處工作壓力很大的辦公室，心神卻想著往國外飛去嗎？離台灣只要短短兩個小時飛航時間的韓國釜山會是個好選擇，而你絕對需要有一本「任意門」的遊旅寶典。

《姊妹揪團瘋釜山》是由顏安娜跟高小琪歷經多次探訪釜山，從陌生初訪到只要一張交通卡就能悠遊釜山大邱走透透的經驗，無私的集結在這本祕笈寶典中，一同分享給想要輕鬆遊歷或更深入探訪釜山、大邱的朋友們。

想當網美在知名天空步道前留下身影、好好整理衣櫥來個採購之旅、讓人心情大好的壁畫景點、想放鬆心情在街頭大吃大喝……所有釜山熱門的路線跟景點，在這本書中全部網羅，可以說是旅程中最重要、也是最便利的行前準備工作書，讓人不再擔心語言溝通跟陌生環境的障礙。有這本《姊妹揪團瘋釜山》，讓我們可以馬上來個説走就走，一起瘋玩釜山的開心行程。

資深音樂行銷企劃

周元緯

節省你摸索的時間

一直想找個適合親子同遊的地方帶全家出國走走,特地上網找了許久的資料,釜山、大邱就是我的選項之一,後來才發現安娜已經親身體驗集結成書,將她的經驗系統化、圖文化、工具化,這麼實用的好書節省我許多摸索的時間。

延續了上一本旅遊書在介紹的每個店家中都附上QR code這項貼心服務,圖文並茂,讓讀者可以更輕易找到店家的相關訊息和電子地圖,像我這種方向感不好的人再也不怕迷路走錯地點,在旅途中避免踩到地雷,去釜山、大邱帶這本就對了!

POP Radio節目行銷總監

楊川霖

最佳夢幻旅伴

寫旅遊工具書不容易，尤其韓國旅遊書廝殺激烈，作者涉獵若不夠豐富，時效性、實用性、趣味性不到位，可就敗興。身兼粉絲與友人，多年來咀嚼安娜不同面向的文風，明白這只是她小露一手，脫穎而出自然不過，否則怎會距離安娜第一本《姊妹揪團瘋首爾》不過一年，第二本《姊妹揪團瘋釜山》馬上就要啟程了！（所以我合理懷疑下一本會是親子闖仁川？）

這次釜山行，安娜不計成本邀請秘密武器高小琪出馬，試想兩個高端處女座加乘、地毯式幫搜是什麼概念？鉅細靡遺只是基本，重點是以她們嚴苛的標準，過篩掉地雷、剔除不合理價位、精準控制預算，整理出網美×吃貨×文青×迷妹一人即能分飾多角的夢幻清單，這等級約莫是傳說中的武林秘笈才可比擬了。

那麼出發吧，妳已經找到最佳旅伴。

資深媒體企劃

人青

麻吉塞給閨密的**珍藏**

初見安娜，是黑白條紋T-shirt牛仔褲的恬靜少女，淡淡淺笑下的筆墨總是讓人驚豔，寫心情、論時事、談美食、話旅遊，她的文采始終另我醉心渴望不醒。

她的文字不只是訊息的傳遞，更是實境細節的分享，仿佛讓我以為自己也走了這麼一回，讓我忍不住即刻起身，跟著她一探究竟！

追隨安娜多年，從小品到旅遊，牽引著我的是文字背後的真心及用心，每一次的出發都是分享，每一個記錄都是真實！她的比較和篩選，讓我相信，跟著她的腳步，你看到的不是一本書，不是一個工具，而是死黨留給換帖的獨家、是麻吉塞給閨蜜的珍藏，沒有保留，絕不藏私，都是嚴選！

大學眼科行銷副理

趙小萊

讓你真心愛上釜山

釜山，一個大線條卻非常溫暖的城市。

路上的阿珠媽跟阿加西你就當自己的叔叔阿姨外婆看待吧～他們的熱情，會讓你真心愛上這裡。（當然，別忘了要有禮貌的謝謝伸出幫忙之手的人說聲勘撒哈咪搭～～～女生拉個尾音更討喜唷！）

《姊妹揪團瘋釜山》這本書幫懶人們（哈）或是第一次去釜山的朋友做了超讚的規劃跟重點整理，比首爾更便宜的血拚行程，情侶或閨密好友們拍照保留回憶的絕讚景點，還有超級生猛、活跳跳的海鮮及挖寶美食，跟著書中的QR code馬上幫你找到明確定位，快速又方便，讓你輕鬆來一趟在地人的深度旅遊。

釜山，是個會讓心情開闊的地方。如果工作累了需要喘口氣，卻又沒有太多假期的話，這裡會是你的好選擇，充完電，回去又一是條龍啦！

享受釜山、大邱之旅，跟著顏安娜、高小琪走準沒錯！

台韓藝人音樂產業經紀人

Chloe Chen

出發吧！
意志力會帶你去任何地方

《姊妹揪團瘋首爾》讓我圓夢後，便心願已了，覺得這輩子這樣就夠了！今生不再有。

But！人生就是這麼多But！沒想到我竟然又生了一本！！！
寫書對於帶點強迫症的人來說是種折磨，旅行是釋放，但簽約書押後就變成了責任，有時候同個景點為了拍攝不同角度、或者天空的顏色不對、夜景拍得不夠美，我就會在同一地點重複出現……。

真的沒想過還會再來一次，除了要投入大量心力之外，而且還要麻煩好多人……。真心感謝老公和兒子的陪伴與包容讓我有機會再次發揮；更謝謝我的父母、妹妹、家人、神救援的Lili、相挺到底的Rachel、Ginny、親咕艾咪、仙女、樺贏小正……眾多朋友們的支持，當然還有實力陣容堅強的出版團隊，多虧有你們才能豐富這本書。

釜山，是我除了首爾之外最常出入的城市，不敢說自己多棒、多厲害，但帶點強迫症的認真，希望給即將出發的你，少點憂慮、多點方便。

出發吧！意志力會帶你去任何地方，說的是旅行，也是人生。

顏安娜

輕鬆享受
釜山、大邱的美好

多年前開始了釜山冒險，身為高雄人的我愛上了這個海港城市，沒有首爾的忙碌步調，多的是釜山人的笑容與熱情。這城市有山有海的美，有便利的購物環境與更親近當地的傳統市場，消費卻比首爾還划算，對於小資女的我來說，釜山、大邱絕對是短期出國的最佳選擇。

謝謝顏安娜給我這個機會協力參與這本書，分享我們眾姐妹揪團遊釜山的訣竅，並將所有吃喝玩樂的行程資料集結於書中，希望讓每一位擁有這本書的朋友，都能輕鬆享受釜山、大邱的美好。

這本瀝血之作的完成，要感謝公司以及可愛的同事們，讓我能夠安心享受年假並充實自己。感謝總是容忍我的姐妹旅伴們，感謝所有幫助過我的每一位好朋友，是你們讓我擁有強大的正面能量面對每件事。

謝謝我的家人，你們一向都是我最堅強的後盾。

最後，感謝安娜，妳對我來說，是跟家人一樣重要的存在。

目錄 CONTENTS

002　**推薦序**
資深音樂行銷企劃──周元綺

003　**推薦序**
POP Radio節目行銷總監──楊川霖

004　**推薦序**
資深媒體企劃──人青

005　**推薦序**
大學眼科行銷副理──趙小菜

006　**推薦序**
台韓藝人音樂產業經紀人──Chloe Chen

007　**序**
出發吧！意志力會帶你去任何地方──顏安娜

008　**序**
輕鬆享受釜山、大邱的美好──高小琪

013　**本書使用說明**

釜山初體驗

016　非吃不可的在地美食
018　炸雞控必備地圖
020　便利商店小物蒐羅
022　超好Buy！五大血拼聖地
024　平價點心掃貨哪裡去？
026　夜遊釜山璀璨浪漫
030　海上漫步，膽「視」大挑戰
034　文化再造彩色壁畫村
036　拍下最「韓」的自己

出發去釜山

040　出發前要知道的事情
042　搞定機票與住宿
044　該如何準備旅費
046　行動網路帶著走
048　必載的實用APP
050　跟著步驟輕鬆入境

052　從機場前往釜山市區
054　用地鐵玩遍釜山
058　從釜山前往首爾
062　退稅步驟超EASY

開始玩釜山

067　釜山地鐵路線圖

【釜山地鐵1號線】

069　**中央站**
069　白鷗堂
070　40階梯文化觀光主題街
071　慢履藝術市集
071　BETTER MONDAY drink
072　祖方章魚
072　釜山近代歷史館
073　寶水洞舊書街
074　札嘎其站與南浦站周邊街道圖

076　**南浦站**
076　Casamia 家飾店
077　龍頭山公園、釜山塔
077　正直的金先生
078　〔達人帶路〕樂天百貨光復店
079　音樂噴泉
079　樂天百貨頂樓公園展望台
079　STREET CHURROS吉拿圈專賣店
080　光復洞時裝街
080　味贊王鹽烤肉
081　99無限五花
081　七七 KENTUCKY炸雞
082　KAKAO FRIENDS旗艦店
082　南浦蔘雞湯
083　Check in Busan
084　東名刀削麵
084　豆田裡嫩豆腐
085　影島大橋
086　太宗台
087　太宗台烤貝村
087　絕影海岸散步路

目錄 CONTENTS

088 **札嘎其站**
088 BIFF廣場
089 黑糖餅
089 豚王五花肉
090 札嘎其市場
091 Y'Z PARK
091 老爺炸雞
092 國際市場
092 阿里郎美食街
093 昌善洞紅豆冰（粥）街
093 富平市場（罐頭市場）
094 李家辣炒年糕
094 故鄉泡菜鍋
095 〔達人帶路〕富平洞豬腳街
095 元祖漢陽豬腳
095 元祖釜山豬腳
096 釜山炭火燒肉
096 富平市場奶奶油豆腐包
097 巨人炸雞

098 **多大浦海水浴場站**
098 多大浦
099 多大浦夢幻夕陽噴泉

100 **西面站周邊街道圖**

102 **西面站**
102 西面三大地下街
103 西面樂天百貨
103 高峰民紫菜包飯
104 〔達人帶路〕豬肉湯飯街
105 浦項豬肉湯飯
105 慶州朴家湯飯
105 松亭三代湯飯
105 密陽加山豬肉湯飯
106 機張手工刀削麵
106 梁山炸雞
107 范泰傳統手工炸醬麵
107 五福蔘雞湯
108 釜山碳烤豬肋排
108 海東海鮮鍋
109 鄉間飯桌
109 茶田
110 金剛部隊鍋
110 皇帝潛水艇

111 我爐
111 捕盜廳烤肉
112 JUDIES Fashion Mall太和百貨
112 Little Planet 行李飄帶
113 西面藝術自由市集
114 〔達人帶路〕田浦洞咖啡街
115 Bakers'
115 軟雲堂
115 U:DALLY
115 Object 思物
116 MOLLE CAFE
116 Martin caffee roasters

117 **釜山大站**
117 CAFÉ BANDITREE
118 即食辣炒年糕
118 釜山大學前保稅街
119 Croce94
119 釜山大前吐司街巷
120 名物吐司
120 豚大將
121 〔達人帶路〕NC百貨
121 Modern House
121 BUTTER
122 SALON DE BONHEUR

123 **溫泉場站**
123 MOMOS COFFEE
124 東萊溫泉露天足浴
124 虛心廳
125 〔達人帶路〕東萊蔥煎餅街
125 民俗村
125 東萊奶奶蔥煎餅
126 金剛公園、金剛纜車
127 梵魚寺

【釜山地鐵2號線】

129　中洞站
129　老奶奶家元祖河豚湯
130　舒暢鱈魚湯
130　尾浦生魚片&烤貝村
131　三浦散步路
131　迎月嶺
132　尾浦港觀光遊覽船
134　舊東海南部線鐵道散步路
134　推理文學館
135　青沙浦
135　CAFE ROOF TOP

136　海雲台站周邊街道圖

138　海雲台站
138　海雲台海水浴場
139　古來思魚糕
140　Pellcana Chicken百利家炸雞
140　伍班長烤肉
141　黃色炸雞
141　海雲台傳統市場
142　老洪餃子刀削麵
142　海雲台尚國家飯捲
143　海雲台名物炸物
143　DAILY PAN
144　OPS麵包店
144　海雲台帳篷馬車村
145　傳說中的蔘雞湯
146　那時候的那間店
147　釜山水族館
　　　SEA LIFE Busan Aquarium

148　冬柏站
148　冬柏島海岸散步路
149　Nurimaru APEC世峰樓
149　The Bay 101
150　電影大道

151　Centum City站
151　BEXCO釜山國際會展中心

152　〔達人帶路〕新世界百貨
152　新世界百貨頂樓公園
153　ELECTRO MART Centum店
153　BANDI & LUNI'S

153　MINSO名創優品
154　Spa Land
155　電影殿堂Busan Cinema Center

156　廣安站周邊街道圖

158　廣安站
158　廣安大橋
159　廣安里海水浴場
160　SUMMERS's BREAD & PASTA
160　本家豆芽醒酒湯
161　3rd SeoRab Café
161　民樂生魚片市場
162　CON
162　奶奶元祖河蜆湯
163　AQUA PALACE蒸氣房

164　金蓮山站
164　橋之家辣炒年糕

165　慶星大、釜慶大站
165　REDEYE
166　THE Premium Hearling Café
166　CAFE 301
167　韓屋家燉泡菜
167　鄉土家牡蠣湯飯
168　二妓台公園、二妓台海岸散步路

169　大淵站
169　起麵包匠人豆沙包
170　釜山博物館
171　雙胞胎豬肉湯飯
171　五六島炒章魚

【東海線電鐵】

173　松亭站
173　舊松亭火車站
174　松亭海水浴場

175　OSIRIA站（奧西利亞站）
175　海東隆宮寺
176　樂天東釜山名牌折扣OUTLETS

177　機張站
177　機張市場
178　雪蟹之家
179　機張雪蟹

目錄 CONTENTS

【釜山近郊小旅行】
182　金海洛東江鐵道自行車&紅酒洞窟
184　釜山慶南賽馬公園
185　伊甸園滑雪度假村
186　鎮海軍港節櫻花季
188　余佐川
189　慶和站櫻花路

大邱初體驗
193　穿越古今、歷史巡禮
194　大邱8味不可不嘗

出發去大邱
198　去大邱前要知道的事情
200　大邱市區交通
204　從大邱去其他城市

開始玩大邱
207　大邱地鐵路線圖
208　七星市場站
208　常客食堂
209　七星市場
210　七星市場文具玩具街
211　〔達人帶路〕東仁洞排骨一條街
211　樂榮燉排骨
211　鳳山燉排骨
211　喜笑顏開（樂呵呵）
212　中央路站與半月堂站周邊街道圖
214　中央路站
214　慶尚監營公園
215　香村文化館
215　珂琲無我cafe mu-a

216　半月堂炸雞
216　寫真街
217　中和飯店
217　東城路
218　半月堂站
218　起麵包匠人豆沙包
219　桂山聖堂
219　半月堂地下商店街Metro Center
220　廉賣市場、珍味煎餅
220　三松麵包
221　咖啡名家
221　美都茶房
222　KUKU ONA
223　藥令市、韓醫藥博物館
224　大樹家韓方蔘雞湯
224　喜來稀肉
225　慶大醫院站
225　金光石街
226　西門市場站
226　西門市場、夜市
228　頭流站
228　83 Tower
229　E-world
230　安吉郎站
230　安吉郎烤腸街
231　前山纜車&展望台
233　釜山特色一條街

景點拉頁

Step 1、2、3，釜山、大邱地鐵輕鬆玩

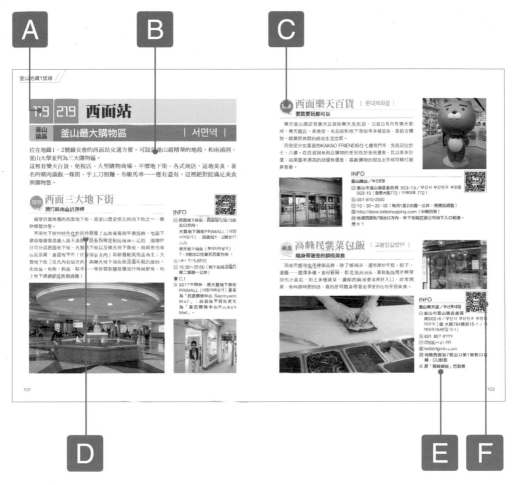

A：地鐵站名稱、編號與所在區域。

B：地鐵站特色介紹。

C：景點或店家的名稱及特色，依照不同屬性分為玩樂、美食、購物三類。

D：景點或店家的重點介紹。

E：景點或店家的基本資訊，如地址、電話、營業時間……等，並附上本書地圖參考座標方便查詢相對位置。

F：景點QR code，可以智慧型手機掃描，利用韓巢地圖到達目的地。

TIPS

1. INFO 圖示說明：地址🏠、電話📞、營業時間🕐、費用💲、網站🌐、交通方式🚌、地圖參考座標📍
2. 本書於美食景點的 INFO 中，多數有標示熱門美食的中韓對照，方便讀者可比對點餐。
3. 本書介紹的所有店家及景點，均可在韓巢地圖上搜尋（詳見 P.48）
4. 自 2014 年起，韓國正式採用新式路名系統，廢止「地段名」地址，啟用「道路名」地址，現階段因系統尚未轉換完成，所以本書提供之地址為「舊式地段名（新式道路名）」。
5. 本書所有店家資訊，皆為採訪時之資訊，實際資料以店家提供為準。

釜山初體驗

拍下最「韓」的自己⋯⋯⋯⋯⋯⋯⋯⋯ 036

文化再造彩色壁畫村⋯⋯⋯⋯⋯⋯⋯ 034

洵上漫步，膽「視」大挑戰⋯⋯⋯⋯ 030

夜遊釜山璀璨浪漫⋯⋯⋯⋯⋯⋯⋯⋯ 026

平價點心掃貨哪裡去？⋯⋯⋯⋯⋯⋯ 024

超好Buy！五大血拚聖地⋯⋯⋯⋯⋯ 022

便利商店小物蒐羅⋯⋯⋯⋯⋯⋯⋯⋯ 020

炸雞控必備地圖⋯⋯⋯⋯⋯⋯⋯⋯⋯ 018

非吃不可的在地美食⋯⋯⋯⋯⋯⋯⋯ 016

舌尖探索

非吃不可的在地美食

釜山位於港口，有著獨特的特產及飲食風味，各式海鮮、豬雞料理、街頭美食皆各有滋味！韓國除了首爾好玩、有趣之外，第二大城「釜山」也是好買又好吃！

1 豬肉湯飯 ｜돼지국밥｜
香濃不可錯過

湯飯料理在韓國到處都有，但在不同地區運用不同食材，像是血腸湯飯（순대국）、黃豆芽湯飯（콩나물해장국）以及豬肉湯飯（돼지국밥）。戰後物資缺乏，將美軍不需要的骨頭、內臟等做成雜碎湯飯，味道可口而流傳至今，成了釜山的代表美食之一了。

2 黑糖餅 ｜씨앗호떡｜
道地釜山甜點

黑糖餅可說是到釜山不能錯過的小吃之一！在南浦洞的附近有很多小販都可看到，半煎炸的餅皮，內餡包了許多堅果、黑糖、花生粉……，顆粒感強烈的甜味中又帶點淡淡的肉桂味，又香又特別！

3 蔥煎餅 ｜파전｜
一上桌就被秒殺

韓國蔥餅名氣最響亮的應屬東萊蔥煎餅了，東萊是釜山的溫泉鄉，特產的蔥又嫩又甜，加上牡蠣、蝦等新鮮海產，淋上麵粉及蛋液稍微悶煎一下，起鍋後就是盤色香味俱全的秒殺美食了。

4 魚糕 ｜어묵｜
釜山版本綿密又好吃

到釜山除了海鮮、湯飯等各美食之外，還有個特產就是魚糕，以魚漿製成的魚糕十分新鮮，且口味不斷推陳出新加入許多創新食材，因此釜山的魚糕較其他地方口感細緻且綿密好吃。

5 血腸 ｜순대｜
放膽吃出其中奧妙

血腸是韓國特有的街頭小吃，腸衣裡加上糯米、豬血、冬粉等食材，具體一點形容可說是「豬血糕內餡的糯米腸」，雖然帶點血腥味讓不少觀光客望之卻步。但就像台灣的臭豆腐有人喜歡、有人害怕，其實放膽咀嚼能發覺其中的奧妙滋味。另可搭配豬心、豬肝、豬肺……等內臟一起食用。

6 海鮮 ｜해물｜
海鮮控保證大滿足

釜山是海港城市，到這裡最開心的莫過於爽快吃海鮮了！機張市場是帝王蟹、雪蟹的進口區，價格幾乎只要其他地區的半價。民樂市場亦有生魚片中心；太宗台、青沙浦等地區還有烤扇貝；海雲台大口湯及生章魚……，想吃海鮮到釜山就對了！

吃貨筆記

炸雞控必備地圖

因為《來自星星的你》裡面中，女主角千頌伊愛吃炸雞的緣故，造成了韓式炸雞一炮而紅，許多台灣旅客前往韓國時，一定要吃上一道韓式炸雞，然而韓式也有很多間，風味各不相同，在此推薦釜山5大炸雞，提供讀者參考！

1 巨人炸雞 │거인통닭│
大份量，大滿足

　　釜山限定炸雞美食，還沒正式開始營業通常門口就已經大排長龍，深受在地人與觀光客喜愛。原味外皮口感酥脆、調味炸雞辣甜鹹兼具，重點是份量十足，吃起來相當過癮！

南浦洞本店
🏠 釜山市中區富平洞2街11-2／부산시 중구 부평동2가11-2（中區路47號街34／중구로47번길 34）

2 梁山炸雞 │양산꼬꼬│
宵夜最佳選擇

　　梁山炸雞位在西面豬肉湯飯街旁的炸雞街上，是開業40多年的老店。跟巨人炸雞一樣，是位在市場內的傳統口味，整隻生雞沾上薄薄麵衣油炸，調味炸雞則是有10多種醬料研製的祕方，入口先甜後酸，當宵夜再適合不過！

梁山炸雞
🏠 釜山市釜山鎮區釜田洞242-20／부산시 부산진구 부전동242-20（西面路52／서면로 52）

3 老爺炸雞 ｜ 나리치킨 ｜

嗜辣朋友必嘗

　　一樣是目前只有在釜山才吃得到的炸雞，肉塊較前兩者大，可吃出各種部位的特色，大蒜醬油及原味兩者缺一不可，前者帶點微辣口感，嗜辣的朋友絕對會愛上它的豐富層次。

老爺炸雞

⌂釜山市中區富平洞1街41-21／부산시 중구 부평동1가 41-21（光復路12號街5／광복로12번길5）

4 古早味炸雞 ｜ 옛날통닭 ｜

薄皮更顯彈牙

　　現在常見的韓國炸雞大多有著厚重的外皮，但其實在早期炸雞剛開始流行時只是沾點麵衣就油炸的薄皮炸雞，被稱為「古早味炸雞（옛날통닭）」。沒有因為花俏外皮而搶去光采，不僅可吃出肉質原味更顯彈牙口感，在《請回答1988》劇中更是將這復古風潮推到極致。

蓮山店／연산점

⌂釜山市蓮堤區蓮山洞 619-4／부산시 연제구 연산동 619-4（古坟路31號街41／고분로31번길 41）

※原西面店已歇業

5 七七KENTUCKY 炸雞 ｜ 칠칠켄터키 ｜

釜山崛起連鎖品牌

　　釜山崛起地的七七肯德基炸雞（簡稱七七炸雞），是1977年就成立的老字號，現在全國有30多家門市，雖然首爾、昌原、梁山都吃得到，但主要聚集地還是釜山，有機會不妨試試，比較與其他品牌差異之處。

南浦店／남포점

⌂釜山市中區南浦洞2街22-4／부산시 중구 남포동2가 22-4（남포길 24／南浦街 24）

※有多家門市

購物焦點

便利商店小物蒐羅

到韓國除了超市不能錯過的就是便利商店了！韓國密集度高的便利商店對觀光客來說不僅方便，也充滿挖寶的驚喜。知名度較高的有7-ELEVEN、CU、GS25、MINI STOP、Story Way、With Me……等。

1 GS25聯名商品 攻略所有少女心

「GS25」擅長與知名品牌合作打造「聯名款商品」，商品造型通常可愛、充滿童趣，經常引起許多消費者、旅客的搶購潮，尤其又有許多是期間限定的商品，就看你旅遊的時間目前推出什麼限定商品，可以當作那趟旅程的紀念。

2 韓國特色小吃輕鬆找

各家便利商店除了不定期推出各種限定款商品，也有許多韓式口味的即食品可享用，像是辣炒年糕、牛小腸、泡菜、特色便當，不論是想當下酒菜或是預算有限的小資族來說，在超商也能吃到韓國才有的各式美味。

3 不能錯過超萌商品SML

　　韓國非常知名的潮流設計公仔「Sticky Monster Lab（SML）黏黏怪物研究所」呆萌可愛的怪物角色，不僅有許多獨立單品，許多品牌也搶著聯名合作，像是飲料、燒酒、交通卡、抱枕……應有盡有。是極具特色的創意品牌，可說是韓國的「公仔界霸主」。

4 女孩必買貼心暖宮貼

　　暖宮貼是專為女性生理期設計的護理產品，有不少品牌，利用熱敷原理，添加不同成份改善女性不適的困擾。可貼於腹部或後腰，有長時間的溫暖感，約50度、熱度約持續6小時以上。

※仍需視個人體質使用，燥熱體質可能須避免。

5 聯名款交通卡這裡才有

　　韓國當地交通卡T-money和cash bee，可於各大超商購買，使用交通卡不僅在轉乘有優惠，也會不定期推出聯名或限定款式，可愛的造型或圖樣也會讓人忍不住想收集。

韓國6大便利超商

① 7-11

② CU

③ GS25

④ MINI STOP

⑤ With me

⑥ Half Time

買 最夯潮物

超好Buy！五大血拚聖地

韓國到哪都能買，絕對不怕錢沒地方花。光是地鐵站附近就足夠讓人眼花撩亂，值得注意的是，雖然大部分都接受信用卡，但使用現金比較有議價空間喔！

1 南浦洞 ｜ 남포동 ｜
從頭到腳一次買齊

到釜山一定不會錯過的景點應該就屬南浦洞了！搭乘手扶梯就可到達的龍頭山公園，可將釜山美景盡收眼底。在南浦洞與札嘎其站中間的地下街，不僅交通便利，購物也相當方便也相當舒適，不失為雨天的極佳備案。

而在南浦洞的主街上，有聚集了眾多知名美妝以及運動品牌，想要一次買齊美妝、保養鎖定光復路就對了！還有服飾、流行雜貨等在這裡用便宜的價格就能買到，除了購物之外，在國際市場與南浦洞間的市場大街還有各種道地小吃可別錯過嘍！

INFO
🚇 地鐵1號線南浦洞站1號出口
🕐 各店不一。地下街營業時間：
　　10：00～22：00（每月第二個週二）

2 國際市場 ｜ 국제시장 ｜
韓國在地生活用品

到韓國掃貨除了流行服飾、美妝用品之外，不能錯過的當然還有傳統市場了！國際市場是釜山最大的傳統市場，韓戰後居民開始在這一帶買賣，久而久之形成現在的規模。

在這裡可以找到各種食材、兒童玩具及服飾以及從頭到腳的各種生活用品……。多數商品價格平實，有些甚至有韓國專屬特色，不論送人或自用都相當適合！

INFO
🚇 地鐵1號線札嘎其站7號出口
🕐 09：00～19：00

3 西面 │서면│

3條地下街齊聚

西面因為交通方便是不少觀光客住宿首選，附近商圈更是吃喝玩樂一應俱全。除了街道上的商店外，還有3條地下街以及樂天百貨、免稅店等。各式商店林立，地上地下各類流行商品應有盡有。

西面地下街的特色在於同時聚集了品牌專賣與平價服飾，不同地下街也有些微差異：西面地下街（往釜田站方向）年齡層較高商品為主；大賢地下街（往凡內谷站方向）則是偏年輕的服飾化妝品。

INFO

- 地鐵1、2號線西面站12或15號出口方向
- 10：00～22：00（地下街商店每月第2個星期一公休）
- ※ 2017年開始，原本的大賢地下商街PRIMALL（대현지하상가）正式更名為「西面購物中心 Seomyeon Mall」；西面地下商街更名為「釜田購物中心Bujeon Mall」。

4 釜山大學商圈
│부산대 젊음의거리│

服裝品牌平價年輕

釜山大學附近的時裝街及保稅街，以年輕人為主，所以也被稱為「年輕街」。因為在學區附近，可以買到的食物、商品會比市區更多元、價格也會比較便宜。在捷運出口巷弄內有韓國品牌的專賣店、設計小店，也有因應而生的早餐店、小吃店、餐廳以及文具用品店，靠近釜山大學還有OUTLET、超市、NC百貨，喜歡逛街的朋友可別錯過這個熱門購物點。

INFO

- 地鐵1號線到釜山大學站3號出口

5 Centum City
│센텀시티│ **最新時尚流行指標**

除了前面的平價店家，新崛起的Centum City也是不能錯過的時尚購物聖地之一。

被稱作「新都市」的Centum City一帶，有「新世界Centum City百貨公司」，以及「樂天百貨公司Centum City店」等大型購物中心，從知名品牌、時尚流行服飾全都聚集在這裡，另外還有超市、汗蒸幕、文化中心、餐廳、小吃各種休閒娛樂應有盡有，儼然是結合建築美學、藝術、娛樂的購物小城市。

INFO

- 地鐵2號線Centum City站，地下道連通商場

超市清單

平價點心掃貨哪裡去？

雖然台灣現在不少零食都跟韓國同步了，但有機會到韓國怎麼可以錯過掃貨的大好機會，不論買來自用或當作伴手禮都很適合！到大賣場不僅是購買伴手禮還能體驗在地的飲食及生活。

1 中型平價超市
24小時營業的掃貨地點

如果行程太趕無法到大賣場採買，可以就近找中型平價超市，規模雖小但是各種產品也不少，無法退稅但是價格也相對便宜，也有不少在地產品是連鎖大型賣場不會看到的，而且通常24小時營業，對觀光客來說很方便！

品牌	分店	聯絡電話	所在位置
Big Sale Mart 빅세일마트	富平店 부평점	051-245-4900	札嘎其站（110）3與5號出口中間直走，經過7個橫向路口後左轉即可看到
G mart	海雲台店 해운대점	051-731-6006	海雲台站（203）5號出口直走約2分鐘左右，位於屈臣氏旁

G mart

Big Sale Mart

2 連鎖大型賣場

用零食點心裝滿購物袋

各大賣場常常可以讓遊客買到失心瘋，喜歡韓國在地點心、零食的你們絕對不能錯過。值得注意的是，韓國政府為了扶持中小型商店，規定大賣場休息，讓消費者分流消費，實施「大型超級市場義務休業」，許多大型賣場於每月第2、4個週日公休，出發購物前可以先致電051-120旅遊服務熱線或上網確認相關超級市場的休業情況。

品牌	分店	聯絡電話	所在位置
Emart 이마트	海雲台店 해운대점	051-608-1234	中洞站（202）7或9號出口
	門峴店 문현점	051-609-1234	國際金融中心、釜山銀行站（217）1號出口直走看到路口右轉，再繼續直走至下個路口即可抵達
	沙上店 사상점	051-329-1234	沙上站（227）3或5號出口步行約5分鐘，或輕軌掛法站（502）2號山口旁
Home plus 홈플러스	東萊店 동래점	051-559-8000	溫泉場站（127）3或5號出口過馬路即可看到
	海雲台店 해운대전	051-532-2080	冬柏站（204）1號出口步行約10分鐘（需橫越快車道）
	Centum City店 센텀시티점	051-709-8000	Centum City站（206）2或4號出口
	西面店 서면점	051-644-2080	西面站（219）2號出口直走看到天橋左轉步行約15分鐘或田浦站（218）1號出口直走看到天橋右轉約3分鐘，門口可搭24、54或67號公車回西面
	西釜山店 서부산점	051-319-8000	輕軌掛法站（502）1或2號出口旁
LOTTE Mart 롯데마트몰	光復店 광복점	051-441-2500	南浦站（111）8或10號出口，B1地下道相連
	東萊店 동래점	051-668-2500	明倫站（126）1號出口或5號月台可連通賣場
	釜山店 부산점	051-608-2500	釜岩站（220）4號出口直走約8分鐘
	東釜山店 동부산점	051-922-2500	東海線OSIRIA（K122）站1號出口直走步行約3分鐘左右

※備註：以上三家賣場營業時間多為10：00～24：00，消費滿₩30,000可享退稅服務，不過某些分店會因為已是特價品而不列入免稅範圍，辦理時間約從早上10點至晚上10點左右（各店不一）。
有提供國際宅配EMS服務，泡麵、液體以及肉品屬列管品項無法國際宅配到府。

農協超市 Hanaro Club 농협하나로클럽	札嘎其店 자갈치점	051-250-7700	札嘎其站（110）10號出口旁
	釜田店 부전점	051-801-9000	釜田站（120）1或2號出口旁
MEGA MART	東萊店 동래점	051-550-6000	東萊站（125）2號出口經過左方巷子後直走，步行約2分鐘左右

※備註1：各店營業時間不一，約從09：00～23：00，消費滿₩30,000同樣可享退稅服務，辦理時間依各店營業時間。以上資訊若有異動，請以官方公佈為主。
※備註2：自2019年1月1日起，韓國開始實施限塑令，超市、超商不再免費提供塑膠袋，出發前記得自備購物袋，如有需要需自費購買。

吸睛夜景

夜遊釜山璀璨浪漫

被譽為「韓國最美城市」的釜山，有著許多令遊客們神魂顛倒的絕美夜景，讓我們走進這個美麗的海港城，一窺釜山最美的夜晚。

1 The Bay 101 | 더베이101 |
百萬夜景超好拍

　　説到釜山最著名的夜景，除了海雲台、廣安大橋之外，「The bay 101」也算是近幾年熱門的夜間景點。

　　The Bay 101又叫「韓國的小香港」，外觀看起來像是夜店，但其實是複合文化藝術空間。主建築物裡有多家餐廳，想要來點刺激的水上設施，也有快艇、噴射艇、遊輪等活動，體驗上流生活。對面則是高級住宅林立，一到晚上亮燈以後成了摩天大樓夜景，各式各樣顏色投影在水面上華麗又繽紛！據説連釜山出身的韓國夯團CNBLUE主唱鄭容和也常在這裡出沒唷！

INFO

⌂ 釜山市海雲台區佑洞747-7／부산시 해운대구 우동747-7（冬柏路52／동백로52）

☎ 051-726-8888

🕐 11：00～23：00（各店不一）

🚇 地鐵冬柏站1號出口直走過冬柏橋右轉，約10分鐘。

照片提供／黃柏凱

2 BIFC 63大樓免費展望台 | 부산국제금융센터 |

360度俯瞰釜山日與夜

　　首爾有汝夷島63大廈，釜山也有個63大廈——「國際金融中心」，可從63層樓高空欣賞釜山市景、海景、夜景。自從釜山國際金融中心63大樓開放頂樓展望台免費參觀後，立即成為市區觀光熱點之一，除了免費是一大誘因之外，就在市區離地鐵站很近交通方便，因此挺受遊客歡迎。

INFO

🏠 釜山市南區門峴洞1229-1／부산시 남구 문현동 1229-1（門峴金融路40／문현금용로40）

📞 051-955-5114

🕐 冬季13：00～20：00、夏季14：00～21：00，每週六限定。

🌐 www.ifcbusan.co.kr

🚇 地鐵2號線「釜山國際金融中心63大樓/BIFC（217）」3號出口旁，BIFC MALL後面就是釜山國際金融大樓。

※ 實際開放時間不定期更新，最新詳情以官網為主。

3 電影殿堂 ｜영화의전당 ｜

絢麗繽紛動畫夜景

　　電影殿堂因為獨特造型與前衛設計建築而聞名，也是每年的釜山電影節開幕與閉幕場地，偶爾也會上映獨立電影、節慶活動、演唱會等。每當夜幕低垂時，七彩奪目的LED天幕開始閃耀，閃亮了整個夜空，不自覺就會想要停下腳步欣賞個夠！

INFO

🏠 釜山市海雲台區佑洞／부산시 해운대구 우동（水營江邊大路120／수영강변대로 120）

📞 051-780-6000

🌐 http://www.dureraum.org/（英韓）

🚇 地鐵Centum City站12號出口直走，第1個十字路口右轉，過2個橫向路口即可抵達。

4 廣安大橋 ｜광안대교 ｜

閃閃發光鑽石橋

　　廣安大橋造型優美，是釜山市的地標之一，兼具藝術造型與照明功能，會因為季節不同而有所變化，不少活動都在這裡舉行。像是每年10月的釜山國際煙火節，燦爛的煙火倒映在海面上，非常光彩奪目、繽紛絢爛！

INFO

🏠 釜山市海雲台區栽松洞706-7／부산시 해운대구 재송동706-7（水營江邊大路203／수영강변대로203）

5 多大浦夢幻夕陽噴泉 | 다대포꿈의낙조분수 |

隨音樂起舞的夜間噴泉秀

多大浦夢幻夕陽噴泉是釜山首次利用音樂與燈光照明，配合水柱精彩設計而形成的音樂噴泉聲光秀，七彩燈光搭配隨著音樂擺動的水柱，新鮮又刺激，是個很不一樣的夜間活動。

INFO
🏠 釜山市沙下區多大洞／부산시 사하구 다대동
（沒雲臺1街14／볼운대1길 14）

🚇 地鐵1號線多大浦海水浴場站（95）4號出口直走即可抵達目的地。

6 南日吧《三流之路》拍攝地
| 남일바《쌈마이웨이》촬영지 | 萬家燈火浪漫觀景台

韓劇《三流之路》跳脫麻雀變鳳凰的愛情窠臼，描寫工作失意的魯蛇以及小愛情，因為貼近真實生活而大受歡迎。其中不少主要場景大都在釜山，像是男女主角的秘密基地「南日吧」，實際拍攝地點在虎泉村壁畫街附近。在這裡可以看見萬家燈火的房舍，入夜後燈火通明的美景繽紛又溫暖。就算沒追劇，上來看夜景也很值得！

INFO
🏠 釜山市釜山鎮區凡川洞1516-222／부산시 부산진구 범천동 1516-222（嚴光路495號街42／엄광로495번길42）

🚌 可搭乘87號公車，從札嘎其站10號出口、南浦站2號出口、西面站9號出口迴轉出來右轉至GS25旁站牌上車。下車站名是「87番區終站（87번구종점）」。

無敵海景

海上漫步，膽「視」大挑戰

釜山目前共有幾個天空步道分別是：松島天空步道、五六島天空步道以及青沙浦踏石展望台，影島天空觀景台距離較短，規模未及前三者。

1 松島天空步道 ｜송도구름산책로｜
搭纜車橫跨海港

位在松島海水浴場旁的松島天空步道，因為右邊的龜島上長滿了松樹因此命名。松島天空步道串聯龜島，再往前延伸，共四個階段總長365公尺。松島海水浴場（송도해수욕장）、松島天空步道／松島雲端散步路（스카이워크＝Sky Walk／송도구름산책로）、松島海岸散步路（송도해안산책로）分別為3個區域，俗稱的天空步道是指Sky Walk，而海岸散步路則是松島海水浴場到岩南公園前沿著海岸線走的海岸路，長度約1.2公里。

特別值得一提的是睽違29年重新開幕的「釜山松島海上纜車AIR CRUISE」，在2017年6月重新開幕了！勇敢的朋友不妨挑戰從高空俯瞰海景，相信會是很棒的經驗！在這裡不僅可以戲水散步，或許可以試試搭乘單趟纜車再步行回來，附近有不少海產餐廳，像是生魚片、烤貝、蒸貝等、各式料理選擇多樣，散步完順便大啖海鮮可説是一舉兩得！

INFO

🏠 釜山市西區岩南洞129-4／부산시 서구 암남동 129-4

🕐 06：00～23：00，如遇到颱風或天氣狀況不佳會視情況關閉

松島海上纜車營業時間：

1至6月、9至12月／週一至週四、週日及國定假日 09：00～22：00 週五及週六、國定假日前一天 09：00～23：00

7至8月／週一至週四、週日及國定假日 09：00～23：00 週五及週六、國定假日前一天 09：00～24：00

$ （成人）AIR CRUISE（一般車廂）：來回₩15000、單程₩12000；CRYSTAL CRUISE（透明車廂）：來回₩20000、單程₩16000

🌐 http://www.busanaircruise.co.kr（韓）

🚇 地鐵南浦站（111）8號出口直走，可搭乘「6、30、71」號公車，到「岩南洞居民中心（암남동주민센터）」站下車，車程時間約20分鐘。下車後走斑馬線到對面警局，從警局旁邊巷子走到底就是松島海水浴場。

※ 如有異動請以官方公佈為主

2 影島天空觀景台 | 영도하늘전망대 |

遙望無敵海景

影島是絕影島的簡稱，以牧馬場聞名，因為養出奔跑速度快到連影子都看不到的名駒。而有了「絕影名馬」的稱號，因此被稱為絕影島。絕影海岸散步路原本是地勢險峻的軍事保護區，後來興建步道成為市民的休閒空間。

除了影島天空觀景台，還有白險灘文化村（흰여울문화마을）、75廣場（75광장）、彩虹階梯、絕影海岸散步路（절영해안산책로）……絕影海岸散步路長達3公里，全程走完至少要2個小時以上。白險灘文化村走到75廣場約1.6公里，75廣場到太宗台入口約3公里多。如果時間充裕或者體力夠好的話還能順便造訪太宗台，把整個海岸線風景串連起來一氣呵成。

而步道有2種方式，一個是在上沿著家戶旁的壁畫村街；一個是在下方靠近海岸的「海岸步道」。壁畫村街就是前段的白險灘文化村，後段則是絕影海岸散步路。雖然沒有其他文化村名氣響亮，壁畫沒有其他地方多，但海景無敵，與大海相互輝映，顯得別有風情。

之所以開始受歡迎應該歸功於電影《辯護人（변호인）》、韓劇《戲子（딴따라）》以及韓綜《無限挑戰》，近年來成為觀光客會想造訪的景點。

INFO

🏠 釜山市影島區東三洞／부산시 영도구 동삼동

🚌 **絕影海岸散步路**
有很多公車可以搭乘，從南浦洞出發是相對較近的，可安排看完影島大橋開橋儀式後再去。
地鐵南浦站（111）6號出口不遠處公車站牌搭乘「7、71、508」號公車，可到影島天空觀景台、75廣場等，車程時間約15分鐘。

🚌 **影島天空觀景台**
在「함지골수련원（04134）」下車，只要再往前一點就會看到停車場，旁邊就是觀景台了。

🚌 **太宗台**
從75廣場搭7或71號公車，過4站到「朝陽公寓조양아파트」下車，然後往前步行到「東三教會동삼교회」轉8、30、66、88、101、186到終點站「太宗台태종대（태종대온천）」下車。或者考慮搭計程車，從75廣場到太宗台（태종대）入口處，將近3公里多車資₩3500左右。

3 五六島天空步道Sky Walk ｜오륙도스카이워크｜

透明地板彷彿踩在海上

　　位於釜山南區海域的五六島，正好位於韓國東海與南海交界，之所以叫五六島，是因為會隨著潮水漲退的差異而露出5個或6個小島。屬岩石島，從近至遠分別為雨朔島、鷲島、錐島、牡蠣島與燈塔島。除燈塔島外都是無人居住的島嶼，其中雨朔島也叫盾牌島或松島，兩島底部幾乎相連，因此漲潮時雨朔島看起來就是一個島，退潮時就變成兩個島。

　　五六島天空步道全長15公尺、位於35公尺高的懸崖上，用鐵製支柱加上片玻璃板，可以透視下方海浪拍打岩石的樣貌，會有一點些微刺激感。

　　天氣好時，還可以看到日本的對馬島。這裡也是知名的攝影勝地，像是韓綜《超人回來了》以及台灣的《食尚玩家》都曾造訪取景。走在五六島天空步道上，透明的強化玻璃地板，目測約5、6層樓的高度，可見寬闊大海在眼前開展，碧海藍天一覽無遺。

INFO

- 釜山市南區龍湖洞197-4／부산시 남구 용호동 197-4（五六島路137／오륙도로 137）
- 09：00～18：00（依現場天候偶有變動）
- 免費
- http://tour.bsnamgu.go.kr（韓英日）
- 要到五六島的交通方式從不少，地鐵站都能換乘，只要搭「27」號公車從：札嘎其、南浦洞、釜山、慶星大&釜慶大、大淵站都可以到達。

  大淵站在1號出口搭「27」，從慶星大、釜慶大站可從5號出口迴轉後搭「27、131」，車程約15分鐘，在最後一站「五六島SK VIEW後門（오륙도SK뷰후문）」下車即可到達。這是終點站，回程到對面一樣搭「27、131」回慶星大、釜慶大站即可。

4 青沙浦踏石展望台 | 청사포다릿돌전망대 |
用不同的視野接近大海

青沙浦踏石觀景台位於海雲台尾浦與松亭的東海南部線舊鐵路中間，距海平面高約20公尺，長約72.5公尺。這也是繼西區的「松島天空步道」（長104公尺）、南區的「五六島天空步道」（長15公尺）之後，第3條海上散步路。各步道長短與廣度不一，共同點都是延伸到海中，讓遊客用不一樣的視野更接近大海。青沙浦踏石觀景台就在青沙浦燈塔附近，可將燈塔、屋頂露台咖啡館、天空步道等景點串聯起來，最後享用烤貝大餐為一天畫上句點。

INFO

- 釜山市海雲台區中洞591-19／부산시 해운대구 중동 591-19
- 09：00～18：00（6～8月延長開放至20：00）
- 免費
- 地鐵2號線萇山站（201）7號出口搭「海雲台區2號巴士（해운대구2）」，到終點站下車，再步行約10分鐘左右可抵達，亦可搭乘計程車，車資約₩3000左右。

玩 獨特藝術

文化再造彩色壁畫村

1950年韓戰爆發，大批難民逃到釜山，短時間內湧進釜山的人數大大超過原有居民人數，於是在釜山建立村落定居，比較知名的有甘川文化村、門峴洞壁畫村、楮田壁畫村、埋填地壁畫村。

1 甘川洞文化村 | 감천동문화마을 |

樂高般堆疊的彩色聚落

　　韓國釜山沙下區有個被譽為釜山聖托里尼與馬丘比丘的「甘川洞文化村」，沿著山勢呈階梯式的建築物，由一條條的小巷子串連起來，與這兩個地方有著不謀而合的類似，所以有這樣的美名，且因規模較大、保留完整，是目前極為熱門的觀光景點。

　　其實壁畫村的形成，一開始是悲傷的。多半起於戰爭期為了避難只好往山坡蓋房子，直到2009年釜山市興起美化村落藝術工程，經藝術家和學生們的改造，讓原本沉重的故事輕盈起來，2012年還被CNN選為「亞洲最美村莊」。有如樂高般層層堆疊的小屋，不論遠看近看都有自己獨到的美，也難怪會是到釜山不能錯過的重要景點之一！

INFO

🏠 釜山市沙下區甘川洞／부산시 사하구 감천동

🚌 地鐵1號線土城站（109）6號出口，轉搭西區2（서구2）或西區2-2（서구2-2），至甘亭國小站（감정초등학교）下車，亦可搭乘計程車約₩3000左右。

2 楮田壁畫村 | 닥밭골벽화마을 |
6條獨一無二的彩繪巷弄

INFO

🏠 釜山市西區東大新洞2街79-51／부산시 서구 동다신동2가79-51（望洋路170號街17-1／마양로170번길17-1）

🚇 地鐵：地鐵1號線到東大新站（108），1號出口步行約15～20分鐘左右；或7號出口之後順著左轉，步行時間約3分鐘左右會看到一家7-11，前面有公車站牌搭乘70號公車到坐到東大新2洞（동대신2동）下車，下車的地方對面就是花階梯。

🚌 公車：地鐵西面站7號出口對面有公車站牌（高峰飯捲旁），可搭67號或167號公車到「서여고정류장하차」下車，車程約20分鐘左右。下車後往前走幾步，巷口就可以看到楮田壁畫村的標示了，跟著指標走，慢慢走約6～8分鐘左右可到。

🚕 計程車：從釜山站、中央站、南浦站、札嘎其站、土城站搭計程車前往，車資大約W3000左右。

這幾個壁畫村原來多半是戰爭時期的避難所，後來因為社區改造，以壁畫的方式將老房子及巷弄保留下來。其中列為重點發展項目的甘川洞文化村（감천동문화마을）以壁畫最多規劃最完善，再來是有著長長花階梯的楮田壁畫村（닥밭골벽화마을），這二個都曾因為韓綜《Running Man》在此取景而引起話題。

在1950～1953年韓戰時期，陸續湧入該地躲避戰亂的難民們，由於是臨時避難的住所，因此各家宅院都小小淺淺的，因為社區改造才讓這裡多了亮麗色彩。楮田壁畫村不大，共只有6條巷子，但排列整齊集中，每條巷子、每家外牆都有壁畫，十分精彩。

3 佐川洞埋筑地（埋填地）壁畫村
| 좌천동매축지벽화마을 | **電影迷必去聖地**

釜山有不少的壁畫村，這個相形之下較不起眼，卻因為有幾部電影在這取景而引人注意，像是張東健主演的《朋友（친구）》、曹承佑《下流人生（하류인생）》、金惠子及元斌主演的《非常母親（마더），2009》、元斌領銜主演的《大叔（아저씨）》……等而充滿濃濃的電影味。這裡的壁畫多半與電影有關，穿插在巷弄裡的窄小房舍與附近新興的高樓形成強烈對比，有種難以言喻的頹廢美。

INFO

🏠 釜山市中區凡一洞／부산시 동구 범일동

🚇 地鐵佐川站（116）4號出口，經過橋下通道繼續往前走，走到底左轉上鐵道空橋。空橋下來後直走看到左手邊有間教堂，後方區塊即是壁畫村。

玩 韓服體驗

拍下最「韓」的自己

到韓國旅行除了享受美食、逛街血拚外，體驗韓服也是一件有趣又難忘的經驗喔！這篇整理了免費跟需要付費的韓服體驗，釜山目前的選擇雖然沒有首爾多，但可以和同行者一起穿上韓服拍照，特別是跟閨蜜、家人一起，相信會是很棒的回憶！

1 釜山博物館
30分鐘免費體驗

位於大淵站的釜山博物館，2009年開始新增文化體驗館，提供傳統服飾、茶道、拓本、遺蹟拼圖等體驗活動，讓旅客可以輕鬆認識傳統文化。

INFO

🏠 釜山市南區大淵洞948-1／부산광역시 남구 대연동948-1（UN平和路63／유엔평화로 63）

🕙 10：00～17：00
每週一及元旦公休

💲 免費

🚇 地鐵大淵站3號出口迴轉，直走到底，左手邊即是入口，步行時間約8分鐘左右。

※ 現場預約／每日限額／每組限2人／體驗30分鐘／無幼童韓服

2 BEXCO
虛擬韓服任選上身

在釜山國際會展中心內，為推廣韓國傳統文化，設有韓服體驗展示館，提供多款大小韓服、虛擬韓服等多元化體驗。

INFO
🏠 釜山市海雲台區佑洞1500／부산시 해운대구 우동1500（APEC路55／APEC로 55）

🕙 10：00～17：00
每週一及元旦公休

💲 免費

🌐 http://www.bexco.co.kr（中英日韓）

🚇 地鐵Centum City站1號出口直走或地鐵BEXCO站（205）7或9號出口。

※ 現場預約／營業時間內開放體驗／不限名額／每組體驗約20分鐘

3 甘川洞文化村
穿著出去賞壁畫

與前兩者較不同的是，這裡可以穿著韓服在戶外自由走拍，且地點是在甘川洞文化村，目前約有3家業者，韓服款式有傳統亦有改良款，拍照的同時又能將甘川洞的美盡收眼底。

INFO
🏠 釜山市沙下區甘川洞／부산시 사하구 감천동

🕙 各店不一，大約為10：00～17：00

💲 ₩10000～₩15000

🚇 地鐵1號線土城站（109）6號出口，轉搭西區2（서구2）或西區2-2（서구2-2），至甘亭國小站（감정초등학교）下車，亦可搭乘計程車約₩3000左右

※ 不須預約／每次租借時間約2小時不等

出發去釜山

退稅步驟超EASY‥‥‥‥‥062

從釜山前往首爾‥‥‥‥‥058

用地鐵玩遍釜山‥‥‥‥‥054

從機場前往釜山市區‥‥‥052

跟著步驟輕鬆入境‥‥‥‥050

必載的實用APP‥‥‥‥048

行動網路帶著走‥‥‥‥‥046

該如何準備旅費‥‥‥‥‥044

搞定機票與住宿‥‥‥‥‥042

出發前要知道的事情‥‥‥040

出發前要知道的事情

該穿什麼？該帶什麼？

釜山位於韓國東南部，是韓國第2大城市，更是韓國具代表性的國際港口，優越的地理位置，兼具都會與海港城市兩種風情。它擁有天然海洋地貌、歷史遺跡；也有傳統市場以及現代購物景點，形成獨特的魅力以及豐富多樣性。

＊簽證

只要持台灣發出之中華民國護照，須為6個月以上效期之護照正本，即可在韓國停留90天之旅遊免簽證。

＊氣候

韓國的一年四季分明，變化明顯，各種季節穿著差異非常大，大致來說3～5月是春天，氣溫溫暖，晚上跟台灣比有點涼冷；6～9月上旬是夏季潮濕炎熱，6月底到7月中為雨季，9月下旬開始到11月是秋天，也最適合旅行的季節；12～3月中旬就是寒冷的冬天。如果是11～4月到韓國旅行，早晚溫差大，建議以洋蔥式穿法。釜山櫻花約每年4月初左右開花；如果想賞楓的話則是10月底至11月初陸續轉紅。

＊時差

韓國早台灣1小時，台灣地區的中央經線為東經120度（格林威治東八區），韓國的中央經線為東經135度（格林威治東九區），依照時差算法15經度為1小時，135－120＝15，為1小時，而韓國位於台灣的東邊，所以韓國要比我們快1個小時。如：台灣時間早上9點，韓國則為早上10點。台灣飛往釜山所需時間約2小時30分鐘。

韓國氣候概況表

月份	1月	2月	3月	4月	5月	6月	7月	8月	9月	10月	11月	12月
最高溫度	8	9	13	18	22	24	27	29	26	22	16	10
最低溫度	-1	0	5	10	17	18	22	23	19	14	8	2
平均溫度	3.5	4.5	8	13	19	20	24	32	22	18	12	6
降雨天數	6	6	8	9	10	11	13	11	9	6	5	4

韓國四季平均氣溫一覽

春季	5℃～13℃
夏季	18℃～30℃
秋季	19℃～26℃
冬季	3℃～11℃

氣候查詢網站

韓國觀光公社	http://bit.ly/2mhcwdw
韓國氣象廳	http://bit.ly/2mYhjoR （中英日韓）
天氣i	http://c.weatheri.co.kr/index.php （中英日韓）
AccuWeather	http://www.accuweather.com/zh/kr/south-korea-weather
DARKSKY	http://bit.ly/2mgUcCf （多國語言）
KMA	http://web.kma.go.kr/chn/index.jsp
Naver	http://weather.naver.com/period/weeklyFcast.nhn
WEATHER UNDERGROUND	http://www.wunderground.com/global/stations/47117.html

※比較推薦最後一個「WEATHER UNDERGROUND」，因為可以詳細顯示日出、日落時間、每個小時的溫度及是否下雨。

＊電壓

電壓有110V和220V兩種，台灣的電壓是110V扁頭、韓國是220V圓頭。出發前最好檢查所攜帶電器的規格標記，如果是寫著INPUT（輸入電壓）「100V～240V」或是「110V～220V」字樣，即表示這類電器本身已經有自動變壓整流的功能，只要準備「轉換插頭」就可以使用，不需透過「變壓器」或「整流器」。

韓國需透過圓柱轉接頭（直徑約0.47公分），同規格的國家是德國、法國、歐洲，另外還有一款很類似但圓柱直徑是0.4公分，千萬不要買錯了！出發前最好要自備轉接頭，如果真的忘了帶，可於便利商店購得。

現在的3C產品像是手機或相機充電器、筆記型電腦等有標示100V～240V表示有內建通用變壓設備，只要插上轉接頭即可使用。如果本身無內建通用變壓器的話，就需要電壓調整器將220V變成110V。

由於有些民宿提供的電源插座不多，但要同時使用的電器設備卻不少，像是手機、相機、行動電源、網路分享器、電熱水壺……等，有些朋友會自備延長線方便更有效率充電，請注意，台灣大部分的延長線並無降壓功能，如要使用請先接變壓器。

＊行李整理

打包行李會依據季節及個人習慣而有所不同，對於想要單純出國放鬆的人來說，拿著護照跟足夠的費用、幾件簡單的衣服就能說走就走；有些較慎重的則會鉅細靡遺地進行前置作業。下方列出幾項出國點檢表，提供有需要的朋友參考。

＊行李準備清單，照表打勾！

類別	明細
證件	□護照（護照影本＆身份證影本）□電子機票 □飯店住宿確認信
貨幣	□韓元 □美金 □台幣 □信用卡 □提款卡
行程	□旅遊書 □地鐵圖 □行程表 □筆記本 □筆 □交通卡 □折價券
配件	□口罩 □太陽眼鏡 □遮陽帽 □外套 □雨傘 □水壺或保溫瓶 □萬用刀
藥品	□感冒藥 □止痛藥 □腸胃藥 □皮膚藥 □萬用膏 □貼布 □OK繃 □喉糖
電器	□手機 □耳機 □相機 □記憶卡 □備用電池 □行動電源 □轉接插頭 □網路分享器
生活備品	□護唇膏 □護手霜 □保濕乳液 □化妝品 □棉花棒 □面膜 □指甲剪 □牙線
盥洗用品	□牙膏 □牙刷 □卸妝棉 □洗面乳
個人衣物	□換洗衣物 □貼身衣物 □拖鞋
其他	□收納袋 □購物袋 □汙衣袋

※記得留下至少半個行李箱的空間等待戰利品歸位喔！

搞定機票與住宿
彈性選擇，旅程更自由

隨著廉價航空崛起，搭機有了更多選擇，除了一般航空公司之外，廉價航空也可以單程購票，多了可不同點進出的好處，像是可購買德威航空從台灣飛大邱，再搭濟州或台灣虎航回台灣，或是首爾進、釜山出，只要假期時間充裕，操作更彈性，可以玩更多城市更加盡興。

＊機票

至於廉價航空哪家最便宜就不一定了，票價從$3000～11000不等，各家不定時促銷，要搶優惠多少要碰運氣。而濟州航空單程票價格較貴，除非遇上促銷活動，否則不適合購買單程；

德威、易斯達及酷航的單程票及來回票組合都是同樣價格，適合搭配不同點進出。也可以嘗試大邱、首爾……等不同地點的進出，為旅程增添不同體驗。

飛往釜山的一般與廉價航空

分別	直飛釜山航空公司
一般航空	華航、大韓、韓亞
廉價航空	釜航、濟州、台灣虎航

各家航空代號與價格排序

代號：長榮BR、華航CI、國泰CX、泰國TG、韓亞OZ、大韓KE、易斯達ZE、德威TW、酷航TZ、濟州航空7C、釜航BX、真航LJ、虎航IT

機票價格：長榮＞泰國、韓亞＞國泰＞華航、大韓＞易斯達、德威、酷航、濟州航空、台灣虎航（以上為大致價格，實際仍以出發為準）

飛往韓國的航空公司

出發與抵達機場	航空公司
松山⟷首爾／金浦機場	長榮、華航、易斯達與德威
松山⟷釜山／金海機場	華航、大韓、國泰、東方、釜航、濟州
松山⟷大邱／大邱機場	德威
桃園⟷首爾／仁川機場	長榮、華航、泰國、韓亞、大韓、國泰、東方、酷航、易斯達、濟州、真航空
桃園⟷釜山／金海機場	華航、大韓、韓亞、國泰、東方、釜航、濟州、台灣虎航
桃園⟷大邱／大邱機場	德威、台灣虎航、釜航、濟州
台中⟷首爾／仁川機場	長榮、華信
高雄⟷首爾／仁川機場	長榮、華航、國泰、濟州
高雄⟷釜山／金海機場	釜航

＊住宿

　　自助旅行越來越夯，自己訂機票、訂飯店的話，比價更是不可少的過程。要訂國外的旅館或民宿有很多方式，透過有系統規模的訂房網站或是旅遊搜尋引擎，可以找到適合且符合預算的，不但使用方便，對消費者來說也較有保障。

目前幾大訂房網站：Agoda雅高達、Booking.com、Expedia智遊網、Hotels.com

目前熱門搜尋引擎：HotelsCombined.com、trivago、Wego.com

台灣在地旅宿訂房平台：AsiaYo.com（https://asiayo.com/index.php）

韓國在地訂房業者：BnB HERO（https://www.bnbhero.com）

訂房網站注意事項

1. AsiaYo!

台灣在地的旅宿線上訂房平台，以公寓式酒店概念提供韓國各種特色民宿、商務旅館等即時訂房服務。以經濟型價格入住精緻民宿，是新型態的住宿方式。

2. BnB HERO

韓國觀光公社官方認證的韓國本土訂房業者，住房類型包括飯店、小型飯店、民宿、公寓、獨棟住宅、寄宿家庭、傳統韓屋等。BnB HERO與其他訂房網站不同的地方是「共享都市民宿」的概念，從這網站可以搜尋到有別於其他國際型訂房網站住宿類型。

既解決住房問題還可增加與在地人互動交流的機會，一舉兩得。但有一點要特別注意，就是在預約之前要先看好「取消政策」，萬一臨時更改行程，必須取消預約，那相關的退款事宜就需依照當初雙方同意的取消政策來處理，因此事前的溝通還蠻重要的。

BnBHERO有個待改進的地方就是確定好要入住的飯店或民宿後，需自行與業者確認是否有空房、該房的價格是指單一房間還是一人入住？因為每家業者定義不同，雖然說可以與當地人互動新鮮有趣，但如果是女性朋友單獨一人外出旅遊的話，基於安全考量就較不建議這種方式。

3. agoda

agoda官網房價須確定入住日期，點入以後才會顯示包括服務費及稅金約18～20％才是完整價格。另外還有兩個隱藏版優惠：會員限定以及卡友獨享。會員限定需登入才看得到的優惠價：「隱藏優惠」或「特價」，通常這時價格會比其他都優惠但通常是無法取消的。卡友獨享目前有富邦、國泰世華、花旗、匯豐、永豐銀行卡友可享有9～95折優惠（優惠與積分不能併用）。

agoda線上訂房除了內容多元從飯店到民宿都有之外，還有入住後的意見反饋，這部分蠻真實的，比起官方版本的介紹更具參考價值。

訂房Tips：

如果習慣使用Agoda的朋友，可透過Hotelscombined搜尋屬意的飯店，價格會比從Agoda官網直接訂還要優惠喔！

Hotelscombined

4. Booking.com

Booking.com預訂，不須先付費，免費取消的飯店取消也不收費，有些甚至是可以到飯店才付現的，但須事先輸入信用卡卡號過卡。

5. Hotels.com

Hotels.com和agoda一樣須進入訂房畫面才會顯示最後價格，但有時會有不定期優惠。訂房不收手續費，取消訂房或改期不同飯店有不同取消政策。加入會員還會收到9折折扣代碼。

該如何準備旅費

怎麼換？在哪換？

近1、2年間，新台幣1元約可換到35～36韓元，想了解最即時匯率可上網搜尋「背包客棧」和「韓國匯率」2組關鍵字，會有網友分享韓國民間換匯所近期匯率，方便判斷。

＊換匯

換匯4種方式

在台灣

1 用台幣換韓元。

2 先用台幣買美金到韓國再換韓元。

到韓國

3 用台幣換韓元。

4 用美金（或其他幣別，如人民幣、日幣或港幣）換韓元。

＊假定匯率

台灣國內銀行匯率	
韓元 0.02875	美金 30.742

韓國當地換匯所匯率 （韓元／1外幣）	
美金 1158	日幣 1012
港幣 145	新台幣 37

換匯算式與試算結果

以台幣$10,000兌換韓元來試算，不同匯率有不同結果：

1. NT$10,000（台幣）÷ 0.02875（台灣國內銀行韓元匯率）＝ ₩347,826（獲得的韓元）

2. NT$10,000（台幣）÷ 30.742（台灣國內銀行美金匯率）＝ US$325（換得美金）
US$325（換得美金）× 1158（韓國當地換匯所美金匯率）＝ ₩376,350（獲得的韓元）

3. NT$10,000（台幣）X 37（韓國當地換匯所台幣匯率）＝ ₩370,000（獲得的韓元）

換匯新選擇

下載「Cashmallow」APP，可於台灣匯款換匯，
抵達韓國境內再取款。
匯率優先順序：首爾換匯所▶Cashmallow▶釜山換匯所
▶台灣銀行。
（以上為約略參考值，實際情況仍需視匯率而定）

安卓載點

IOS載點

＊需要關注的匯率

對於追求方便的朋友來說一點價差可能無所謂，但如果是精打細算的小資族，出國前就要密切關注匯率了，當美金超過30元以上要關注的匯率有：

在台灣用台幣買美金的匯率

在韓國用美金買韓元的匯率

在韓國用台幣買韓元的匯率

換匯準則

美金兌換台幣在30元以下 ➜ 用台幣先換美金再換韓元

美金兌換台幣在30～31元 ➜ 精算之後再下手

美金兌換台幣超過32元以上 ➜ 可考慮用台幣兌換韓元

＊換匯地點

對於手上完全沒韓幣的朋友，可先在機場換一部份，剩下的到民間換匯所兌換是較划算的！韓國釜山金海國際機場國金海機場國際線1樓入境大廳一共有4家銀行櫃檯：管制區內各有1家釜山銀行及新韓銀行（SHINHAN BANK／신한은행），為24小時營業；如果出了管制區海關門之後還是有釜山及新韓銀行，營業時間為06：00～21：00。

＊小結

匯率首爾較釜山略優，南浦洞與西面匯率有時相差不大。目前只有南浦洞提供台幣兌換（限千元），假日有營業，中秋、農曆過年公休。盡量以順路安排換錢為原則，匯率隨著市場隨時變動，如果金額並非太大時，為了換錢特地跑一趟交通時間與來回花費也是種無形成本。

釜山民間換匯所介紹

南浦站

從南浦站7號出口往前走巷內有多家銀行與換錢所，較受觀光客青睞的是映真、友利與釜山這3間，步行時間約5分鐘以上。如有路程上考量不想特地跑一趟的話，可參考地圖（P.74）上標示「¥」即可換匯（需口頭詢問匯率，部份有議價空間）。

釜山換錢所（부산환전）

🏠 釜山市中區東光洞2街9-1／부산시 중구 동광동2가 9-1（光復路85號街17부산시 중구 광복로85번길 17）

友利換錢所（누리환전）

🏠 釜山市東區東光洞2街6-6／부산시 중구 동광동2가 6-0（光復路97號街16／광복로97빈길 16）

📞 010-7670-798/ 🕐 08：00～21：00

映真換錢所（영진환전）

🏠 釜山市中區東光洞2街 6-6／부산시 중구 동광동2가 6-6（光復路97號街16／광복로97번길16）

📞 051-245-0045 🕐 08：00～22：00

西面站

西面站的換錢所位在西面站7號出口星巴克巷內的西面市場，一間由老奶奶經營的叫做「首爾換錢所」、另一間由老爺爺經營的叫「娜英換錢所」，兩家就在隔壁而已，可參考地圖（P.100）。

首爾換錢所（서울환전）

🏠 釜山市釜山鎮區釜田洞2街256-11／부산시 부산진구 부전동 256-11 🕐 09：00～20：00（偶爾週日休）

娜英換錢所（나영환전）

🏠 釜山市釜山鎮區釜田洞2街256-14／부산광역시 부산진구 부전동 256-14 🕐 09：00～20：00（偶爾週日休）

釜山站

釜山站1號出口上來直走右轉就是上海門（又稱上海街），有可以換錢的地方或者5號出口左轉看到7-11左轉也有幾家換匯所。

行動網路帶著走
科技時代不可或缺

現在人手一台智慧型手機，出國更是不能沒有網路，但是韓國網路分享器五花八門到底該怎麼選呢？外國旅客在韓國想要上網有幾種選擇：無線網路、SIM卡或Wi-Fi EGG。

1. 無線上網

隨著Wi-Fi技術的發展和普及，在很多區域都已經有免費Wi-Fi，從2015年起，韓國政府陸續架設免費Wi-Fi網絡，地點包括地鐵、巴士車站、大學校園、公共設施以及主要旅遊景點。手機開啟Wi-Fi搜尋功能，如果出現「Dynamic Busan」、「iptime」或「Public Wi-Fi Free」皆可免費使用。

2. SIM卡

韓國的手機SIM卡（韓國預付卡），包含了韓國上網功能與通話功能。SIM卡可大致分為台灣取或韓國機場取。優點是不需充電、可免費連接Wi-Fi和接收電話，與國際漫遊比相對便宜，但無法撥打及發送簡訊。缺點是通常有使用期限及流量上限，手機需換SIM卡而不是像分享器一樣只要輸入密碼即可使用。

3. Wi-Fi EGG

除了使用免費的Wi-Fi網絡之外，現在大多數人到韓國旅行都會租用Pocket WiFi Router，即Wi-Fi EGG。韓國的Pocket Wi-Fi Router可以在韓國主要機場租用，也可以在出發前在台灣先準備好。隨著競爭品牌眾多上網租用價格下修，現在租用韓國Wi-Fi EGG的價錢已經相當便宜。

目前韓國提供SIM卡與Wi-Fi EGG的電信業者

KT olleh EGG（Mobile WI-FI）
網址：http://roaming.kt.com/rental/chn/main.asp（中文）
說明：提供SIM卡、路由器租借
費用：租金₩5,500起／天
其他：可在各機場租借，有提供甲地借、乙地還之服務，需有信用卡過卡或提供押金。

LG U+
網址：http://www.uplus.co.kr/ent/glob_2/inbo/RinRoamingRentalServiceC.hpi（中文）
說明：路由器租借
費用：租金₩8,000／天（10%VAT另計）
其他：每次租5天以上，第6天開始租金優惠為每天₩5,000（稅另計）

SK telecom
網址：https://www.skroaming.com/main.asp
說明：提供SIM卡、路由器租借
費用：租金₩5,000起
其他：可在各機場租借，須先提供信用卡過卡或提供押金。

Wi-Fi PLAZA
（原Sroaming pocket Wi-Fi、Mobile POP）
網址：http://mobilepop.co.kr/（中文）
說明：提供SIM卡、路由器租借
費用：租金₩4,000～8,000起／天（10% VAT另計）
其他：可在各機場租借，需有信用卡過卡或提供押金，可線上刷卡付款並宅配到府，即可送到預定下榻的飯店或民宿。

以上說的是韓國的電信業者，韓國這幾家電信業者目前都是4G大流量，1台分享器平均約可使用6～8小時左右，同時亦可5～8台手機或平板共用。現在取得方式很多元，除了直接跟電信業者租借，可線上預約然後到韓國各機場取機，現在還有其他通訊服務公司，以類似代理商的概念提供通訊服務。都可事先預約，並選擇宅配到府或機場取機。

台灣網路分享器租借業者

Asia Wi-Fi環亞、HORIZON 赫徠森、iVideo台灣思維資訊、Wi-Ho!特樂通、Wifihero、飛買家TRAVEL TO BUY、WiseWorld Wifi樂網通租分享器

韓國業者	KT olleh、LG U+、SK telecom、WiFi PLAZA
說明	※除了可直接向電信業者租借SIM卡或路由器之外，仍有許多通路，有時因促銷費用會相對較低。 ※SIM卡優點是不需充電，雖有流量限制，建議一人出國時使用，費用較經濟。
台灣業者	Asia Wi-Fi環亞、HORIZON 赫徠森、iVideo台灣思維資訊 Wi-Ho!特樂通、WI-FIHERO、飛買家TRAVEL TO BUY WiseWorldWi-Fi樂網通租分享器
說明	※除了上述業者之外，還有網路平台如KK day及Klook客路等通路。 ※在台灣先取得網路分享器，可省去在機場排隊等候的時間。 ※多人一同出遊時，使用網路分享器均攤價格較優惠。

※ 各家業者價格僅供參考，不定時有促銷活動，出國前可評估取還機費用與便利性後再決定。

必載的實用APP
自由行最大幫手

隨著智慧型手機的普及，許多APP的推出也讓韓國自由行更加方便。最常與必須使用到的莫過於地圖與地鐵了。

地圖類

＊韓巢地圖APP

中文標示

對於完全不懂韓文的朋友來說，韓巢地圖是最方便的。中文顯示、店家標示也清楚易懂，如7-11、CU、GS25、星巴克、麥當勞、知名化妝品牌等「標示」，來確認所在位置。還貼心標示地鐵站各出口哪裡有電梯或手扶梯，這對於剛抵達要下榻飯店民宿或離境時搬運行李，是非常重要的訊息！

中文搜尋

支援中文關鍵字搜尋店家，舉例像是「七七炸雞」或「雪冰」店名即可顯示相關分店的訊息，方便旅客自己找到距離較近的店家。

路線查詢

也可輸入所在地以及目的地，當無法透過地鐵直達須轉車或想節省時間直接搭計程車的話，可透過「路線查詢」→選擇「計程車」項目可顯示預估時間及費用，以甘川洞文化村搭計程車到西面為例，預估值為須21分鐘、₩9,300，實際搭乘則是約25分鐘、₩11,000。（需視實際搭乘時間及路線而定）

即時導航

韓巢地圖的「位置定位」就如同Google Map一樣，在有網路並開啟手機定位功能的前提下，輸入目的地名稱，按「圓形定位」鍵，就能輕鬆知道自己當下的所在位置，並且開始導航。

Android載點

ios載點

＊Google Map

幾乎Android系統手機都有內建了，所以免安裝，搜尋以英文與韓文為主，找不到目的地或方向感較差時，可使用定位系統來導航。而且Google Map有連線追蹤功能，韓巢地圖極具參考價值，兩者搭配使用實用又方便！

操作步驟

Step 1 在有網路的前提下，打開Google Map及定位系統。

Step 2 輸入目標地點，輸入英文或韓文的準確度會較中文高，無法輸入韓文的朋友只好先打好複製貼上。

Step 3 除了目的地的名稱之外，另外也可輸入經緯度查詢。

Step 4 在Step 2或Step 3兩者二擇一後按下定位，即會顯示所在位置與目的地的距離，跟著箭頭走就能到達目的地。

地鐵類

*韓巢地鐵APP

因為智慧型手機普及，相對許多APP因應而生，知名韓國旅遊網站「韓巢」也提供韓國幾大城市地鐵路線圖，包括：首爾、釜山、大邱、大田、光州等，只要輸入起訖站點，就可以顯示所需搭乘時間、費用等，也可視個人方便選擇「最短時間」或「最少換乘」。還貼心提供該一站點設備像是儲物櫃、手扶梯等標示，同時還可搭配韓巢中文地圖，有網路時按下左下角圓形鍵即可開始導航，智能模式讓旅行更加方便，下載一次即可輕鬆暢遊韓國。

選擇此次旅遊區域

設定起訖站點

選擇使用「最短時間」或「最少換乘」

可查看該站點的資訊與周邊地圖

*韓國地鐵信息、韓遊網韓國地鐵

這兩者也都是蠻方便使用的APP，從「地區」往下拉，除了首爾之外還有釜山、大邱、大田、光州……的地鐵訊息，一個軟體多元使用真的很方便。使用方式只要點選起訖站，就會顯示即將到站時間，還可計算最短距離、搭乘所需費用，也有建議轉乘的最短路線，對旅行韓國的朋友來說真的是個輕易上手的APP。

跟著步驟輕鬆入境

什麼可帶？什麼該填？

從台灣到釜山的飛行時間約2小時，抵達後有入境程度須依規定辦理。許多人每次到機場都會對於入境、出境產生混淆，原來入境是指進入國家，出境是指離開國家，流程雖有點多，但若能自己完成也是很有成就感的喔！

＊入境程序

入境審查 ➡ 領取行李 ➡ 海關檢查

＊入境SOP

英文名字　　中文姓名

英文姓氏

韓國入境卡

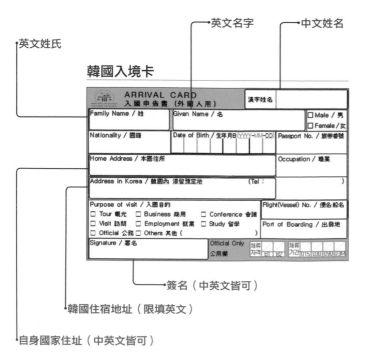

簽名（中英文皆可）

韓國住宿地址（限填英文）

自身國家住址（中英文皆可）

申報單

• 申報單的資料須以全英文填寫，若有血緣關係的親友，則一個家族填寫一張即可。

STEP 1

填寫入境卡&海關申報單

在台灣飛往首爾的機上通常空服員就會先發放「入境卡ARRIVAL CARD」和「海關申報單CUSTOMS DECLARATION」了，填寫完下飛機後即可前往入境審查櫃檯，節省入境所需花費的時間。

 STEP 2

入境審查

到了入境審查處，在寫著「外國人/Foreigner」的櫃檯排隊等候入境審查。從2012年開始，年滿17歲以上入境韓國的旅客都要登錄兩手食指指紋和臉部照片。拍攝時不能戴帽子或墨鏡。

 STEP 3

領取行李

結束入境審查後，即可依指示到搭乘班機的行李轉盤領取自己的行李，萬一無法順利領取到自己的行李，請出示行李牌請求機場工作人員協助。

 STEP 4

海關檢查

所有入境韓國的旅客都必須向海關人員提交旅客攜帶物品申報單。一人一張，但如果是一整個家族可填寫一張籍可。如果沒有特別需要申報的物品，不需接受審查即可通關。免稅入境的物品說明如下頁表格。

＊辦好馬上可用──自動通關超省時

台韓在2018年6月27日簽署「台韓互惠使用自動通關瞭解備忘錄（MOU）」國人，即日起前往韓國，經註冊後即可使用「自動通關服務 Smart Entry Service（SeS）」。年滿17歲且持有效電子晶片護照的旅客可於韓國註冊中心免費申請，減少排隊入境等候的時間。目前可使用自動通關的機場有：首爾仁川、首爾金浦、釜山金海、大邱、濟州、清洲等。除機場外，市區特定站點也可辦理，重要轉乘站點不僅提供預辦登機、行李托運，在服務時間內前往也可以輕鬆申請自動通關。
更多詳情請洽官網：http://www.ses.go.kr/ses/

入境韓國免稅範圍

項目	數量&價格範圍
現金	US$10,000以內的外幣或韓幣，外幣、韓幣、支票等合計超過 US$10,000時，必須向海關申報
物品	US$600以的攜帶物（包含伴手禮）
香菸	香菸一條（200支）
香水	60ml（約2盎司）
酒類	1公升以下，US$400以下的酒類一瓶 19歲以下未成年者禁止攜帶煙酒類入境
農林產品（中藥）	總量50公斤以內，海外購買價格₩100,000以內，需通過檢疫合格的物品（各類品項重量限制不同）。

資料來源：http://www.customs.go.kr (韓英日中西)

從機場前往釜山市區

準備開始釜山旅程

經過了2小時的航程，我們終於來到了釜山金海國際機場，除了認識一下機場內部之外，也需要了解該如何從機場進入釜山市區，展開我們美好的旅程！

＊金海國際機場／Gimhae International Airport（김해국제공항）

IATA代碼PUS，是韓國第2大機場，分為國際線與國內線兩個航廈，國際線有來往台灣、日本、香港、大陸及東南亞等航班，飛行時間約2小時左右。周邊有輕軌、地鐵、公車及計程車來往週邊城市。

國際線航廈（국제선）

樓層	主要功能	設施	備註
1F	抵達層	便利商店、換匯銀行、電信櫃台、郵局	※郵局營業時間為07：30～18：00 ※便利商店內可購買交通卡
2F	離境層	航空櫃台、稅關申告、出境管制、退稅櫃台、換匯銀行	
3F	其他	餐廳、哺乳室、幼兒休息室	※餐應營業時間為07：00～21：00（各店不一）

資料來源：https://www.airport.co.kr/gimhaechn/main.do

國內線航廈（국내선）

來往首爾、濟州島等航班，飛行時間約1小時。從國際線Gate 3出口右轉直走約3分多鐘可抵達，斜對面即是輕軌「機場站」。1樓Gate 4門口則為機場巴士和公車站牌。

韓國國內航空公司

大韓航空Korean Air（KE）	www.koreanair.com
韓亞航空Asiana Airlines（OZ）	ea.flyasiana.com
釜山航空Air Busan（BX）	www.airbusan.com
易斯達航空EASTAR JET（ZE）	www.eastarjet.com
濟州航空JEJU air（7C）	www.jejuair.net
德威航空t'way Airlines（TW）	www.twayair.com
真航空JIN AIR（LJ）	www.jinair.com

＊金海國際機場到市區的4種方式

搭乘工具		目的	所需時間	所需費用
機場巴士	席坐巴士 （좌석퍼스）	東萊	30分	投現₩1,800、交通卡₩1,700
		海雲台	70分	投現₩1,800、交通卡₩1,700
	利木津巴士 （리무진 퍼스）	西面	30分	成人₩6,000、兒童₩4,000
		海雲台	60分	成人₩7,000、兒童₩4,500
輕軌＋地鐵		沙上	6分	單程票₩1,300、交通卡₩1,200
		西面	30分	單程票₩2,800、交通卡₩1,900
		釜山站	47分	單程票₩2,800、交通卡₩1,900
		南浦洞	51分	單程票₩2,800、交通卡₩1,900
		海雲台	59分	單程票₩2,800、交通卡₩1,900
計程車		沙上	15分	₩8,500
		西面	25分	₩14,000
		釜山站	30分	₩14,500
		南浦洞	35分	₩15,500
		海雲台	50分	₩25,000

※以上輕軌與地鐵以1區間票價為例。
※計程車以不塞車預估，釜山一般計程車（銀色、白色）起跳價為₩2800（2公里內），模範計程車（黑色）起跳價為₩5000（3公里內）
※金海國際機場Gate 3出口往前走，右手邊即有巴士站牌，最靠近出口3號為市外巴士站牌
※中間2號站牌可搭乘機場巴士
※穿越人行道右轉步行30公尺就是輕軌「機場站」

機場巴士（리무진 퍼스利木津）資訊表

站牌	巴士名稱	行駛目的
1-1、1-2	利木津市外巴士 （리무진 시외퍼스）	**市外地區：**蔚山、東大邱、慶州、統營、鎮海等
2	利木津市內巴士 （리무진 시내퍼스）	釜山市區： ●往西面、釜山火車站、南浦洞方向：₩6000，06：55～21：40（40分鐘一班），往機場方向05：30～19：30。 ●往海雲台方向：₩7,000，06：45～21：55（30分鐘1班），往機場方向04：40～19：40。 ※以上為國際線發車時間，國內線約晚5分鐘
3	席坐巴士（좌석퍼스）	釜山市區： 目前有11及13號公車往市區，307往海雲台方向
5	循環巴士（순환퍼스）	機場航廈間免費循環巴士，05：50～22：40

用地鐵玩遍釜山
從買票到出發

釜山地鐵目前共有4條線，另外還有金海輕軌以及東海線電鐵（동해선）營運中，地鐵收費依距離區段劃分，10公里以內為1區間、超過10公里以上為2區間。標示清楚簡單易懂，就算完全不會韓文也可以搭地鐵輕鬆玩！

＊精華皆在1、2號線

地鐵1號線是釜山最早通車的路線，結合了現在繁華與歷史文化。從札嘎其、南浦洞、中央站可體驗現代感十足的釜山，同一路線往北走則可尋訪梵魚寺、金井山城等古蹟。地鐵2號線南部則有不少海岸風光，最知名的屬海雲台及廣安。東海線電鐵在2016年底通車的東海南部線和原火車路線並行，班次較火車密集，要到機張或樂天東釜山OUTLET可更加方便。

而在轉乘上，使用交通卡可享優惠，搭乘地鐵、輕軌以及公車可享2次轉乘優惠，即30分鐘內換乘共3次可享優惠價，但地鐵與公車同號路線之間的轉乘無法享有優惠。地鐵1～4號線的單程票及1日票，與輕軌、東海南部線不可以互通使用。

地鐵收費標準

票券種類	1區間		2區間	
	單程票	交通卡	單程票	交通卡
成人	₩1,300	₩1,200	₩1,500	₩1,400
青少年	₩1,050	₩950	₩1,200	₩1,100
兒童	₩650	₩600	₩750	₩700
1日票	每張₩5000，購買當天可無限次使用。 公車、電鐵與東海南部線不在使用範圍。			

※6歲以下免費。以上僅供參考，實際仍以官方公告為主。
資料來源：http://www.humetro.busan.kr/cht/main.do

＊交通卡介紹

關於韓國一般交通卡可分三家公司推出，常見的T-money（티머니）、樂天集團出的cashbee（캐시비）、Korail發行的Rail+（레일플러스）

T-money交通卡	cashbee交通卡	Rail+交通卡
原是首爾地區交通卡，現在使用範圍已經包括韓國大多數地區，除了搭乘交通工具外還有不少地方可小額付費，在便利商店或百爾、釜山各地鐵站皆可儲值。	由韓國鐵道公社發行，韓國各區皆可使用。	由韓國鐵道公社發行，韓國各區皆可使用。
www.t-money.co.kr（韓）	https://railplus.korail.com/intro.do（中英日韓）	https://railplus.korail.com/intro.do（中英日韓）

不論T-money或cashbee卡，都像台灣的悠遊卡一樣，搭地鐵、公車、計程車或是在有T-money標誌的商店都可使用。交通卡不但能省去每次搭車前排隊購票的麻煩，還可以享受折扣及轉乘優惠，對於旅客來說相當方便。
目前韓國正在整合推行全國通用的「One Card All Pass」（全國互換交通卡），依舊是由這三家發行，只是卡面上會特別註明「전국호환」字樣並加上 T-money、cashbee或 Rail+個別Logo，表示全國通行與儲值，如卡片已印有「One Card All Pass전국호환」則表示是新卡了。

交通卡購買與退卡注意事項

- 購買及退卡地點：可在韓國地區內的GS25、CU、7-ELEVEN、story way或貼有Tmoney或cashbee標誌的便利商店與地鐵售票機購買。
- 卡片工本費₩2,500（此為空卡費用，使用前請先儲值）。
- 使用交通卡支付車費時，最少會有₩100的折扣，轉乘公車時也有優惠。
- 如離境時要退卡，會先扣除手續費₩500，再退還卡內剩下餘額，而原本購買時的空卡費₩2,500則是不會退還的。
- 如果餘額超過₩20,000，需要到總公司退款；₩20,000以下到上述的購買地點退款即可。

兒童優惠

T-money的兒童優惠票價適用年齡為6～12歲，青少年為13～18歲，未滿6歲的兒童搭乘韓國大眾交通為免費，之前兒童在韓國需購買T-money專用卡進行上網登錄，才能享有優惠票價（使用期間為10天）。現在方便多了，只要購買新卡時或持舊卡在各便利商店（7-ELEVEN、CU、GS25、Mini Stop等加盟便利商店）或是地鐵服務中心憑護照進行年齡認證，即可享有優惠票價。

①出示護照：依出生年月日即可設定兒童卡或青少年卡
②可以上T-money卡官方網站，輸入卡號即可確認是否設定成功
③有任何問題可至服務中心尋求協助

※備註

- 巴士：成人為19足歲以上、青少年13～18足歲、兒童6～12歲、6歲以下不收費
- 火車：兒童下修至4～12足歲，兒童票價則是成人的一半（韓國火車票可分成成人、兒童與敬老，外國觀光客無法享敬老票優惠）

交通卡加值5步驟

 找到地鐵自動售票機

 **選擇語言
（中、韓、英、日）**

 將卡片放置感應區

 選擇欲加值金額

 **放入鈔票即可
完成加值**

＊其他地鐵票種類

單程票

　　對於剛到韓國但手邊還沒有任何交通卡的朋友來說，可選擇購買單程車票前往市區。

一日票

　　釜山地鐵有推出一日地鐵票₩5000，購買當日可無限次搭乘地鐵，如當日行程搭乘地鐵預估會超過4趟以上，可購買一日券較划算！但不能使用於輕軌與電鐵，公車轉乘也無優惠。

一日票購買流程

＊4步驟輕鬆學會搭地鐵

 STEP 1 認顏色記數字

每條路線都有標準色與數字，各站皆有其代號，對看不懂韓文的外國人來說就是認顏色、記數字，這樣就輕鬆多了，搭乘時請認明該線數字與顏色（以圓形表示）。

 STEP 2 確認行駛方向

韓國捷運不像台北捷運，有些站不是同個月台共用，搭乘前再看清楚行駛方向即可；有些路線興建較早，需在閘口前就看清楚行駛方向，確定好再刷卡進入月台，避免扣款與誤搭情形。行駛方向則是標示最末站以及其中較大站，候車時確認月台所標示的前後站及行駛方向，才是最安全的作法。

STEP 4 下車確認出口

釜山地鐵出口方向是依序編號，但不是每個出口都有電梯或手扶梯，對於觀光客來說最快到達目的的方式就是找到最近的地鐵出口較省事，出地鐵站時認得黃色數字及代表出口號碼（黃色或黑色方框）。如果購物買得太開心不免大包小包或是正託著行李時，最好是找到有電梯或手扶梯的出口。

STEP 3 轉乘跟隨指標

韓國的地鐵有些站換線只需換不同樓層，而有些雖在同一站內，但因為擴建地點關係要換線可能要走上一段不算短的距離，為了節省腿力，搭乘時以盡量減少換線為最高原則。一開始無法駕馭複雜地鐵圖的朋友，可參考實用APP「韓國地鐵信息」或「韓國地鐵」透過APP規劃最短搭乘路線。

※備註

• 營業時間：05：30發出首班車，大約23：30為末班車，並在00：30左右結束行駛。

從釜山前往首爾
市內其他交通方式與釜山聯外交通

除了地鐵之外，還有其他大眾運輸工具可搭配使用。尤其現在廉價航空價格親切，買到便宜機票可不同點進出，一次暢玩韓國2大城市不僅省時又能更加盡興。如果要跨出釜山以外的城市，有國內班機、火車以及巴士等選擇。

＊金海輕軌電鐵

連結沙上站到加耶大的電鐵線，途經釜山金海機場，是許多旅客往來釜山市區的方式。

輕軌費用

票券種類	1區間		2區間	
	單程票	交通卡	單程票	交通卡
成人	₩1,300	₩1,200	₩1,500	₩1,400
青少年	₩1,050	₩950	₩1,200	₩1,100
兒童	₩700	₩600	₩800	₩700

※以上資料僅供參考，如有異動請以最新公告為準。

＊公車與巴士

公車可直接投幣，使用交通除了可享折扣外轉乘也有優惠，但須注意上下車時皆須刷卡。

公車與巴士費用

	席坐巴士		市內公車		社區小巴	
	單程票	交通卡	單程票	交通卡	單程票	交通卡
成人	₩1,800	₩1,700	₩1,300	₩1,200	₩900	₩800
青少年	₩1,700	₩1,350	₩900	₩800	₩560	₩500
兒童	₩1,300	₩1,200	₩400	₩350	₩260	₩200

※以上資料僅供參考，如有異動請以最新公告為準。

*釜山聯外交通方式

　　許多旅客現在越來越喜歡跨城市旅遊，韓國旅遊更以釜山、首爾為大宗，在此整理幾個從釜山前往首爾的交通方式與所需費用，提供讀者規劃旅程時參考。

各式聯外交通費用

方式	出發	抵達	出發時間	所需時間	費用
飛機	金海機場	金浦機場	首班07：00 末班21：00	約50分鐘	₩43,500起
	金浦機場	金海機場	首班06：40 末班20：30		
KTX	釜山	首爾	首班05：00 末班22：30	約150分鐘	自由座₩14,200起 對號座₩46,500起 特級座₩65,100起
	首爾	釜山	首班05：30 末班23：10		
火車	釜山	首爾	首班05：10 末班23：10	新村號 約4小時50分鐘 無窮花號 約5小時30分鐘	新村號 自由座₩40,500 對號座₩42,600 無窮花號 自由座₩24,300 對號座 ₩28,600
	首爾	釜山	首爾06：00 末班22：50		
巴士	釜山綜合巴士站 （老圃站）	首爾高速巴士站	首班06：00 末班00：00 深夜00：30～02：00	約4小時30分	一般₩23,000 優等₩44,400 深夜₩37,600
		東首爾綜合巴士站	首班06：35 末班23：50		
	西部西部巴士站 （沙上站）	首爾南部巴士站	首班07：30 末班19：00	約5小時	₩23,500

KTX韓國高速列車
　　如果想搭乘韓國鐵路的話可先透過網站訂票

* Korail 韓國鐵道公社網站 www.korail.com　（韓英）
　　以介紹公社、經營、公告等企業形象宣傳，旅客最常利用的訂票服務則移至Let's Korail網站，並提供各種火車旅遊商品、住宿、租車綜合服務。

* Let's Korail訂票網站 www.letskorail.com　（中日英）
　　在2014年中正式上線並有中文簡體訂票服務

外國人跨城市旅遊專屬票券：KR PASS

KR PASS（Korea Rail Pass）是韓國鐵道公社（KORAIL）針對一般外國遊客或定居在韓國的外國人為對象，在旅遊期間內使用的綜合搭乘券。外國遊客可透過Let's Korail官網訂購KR PASS車票（e-Ticket）。完成線上預訂購後，出發30日前線上劃位後使用。

遊客可以根據旅行天數選擇連續票券（3、5天等）以及機動票券。連續票券可在規定的天數內，以連續日期方式、不限次數、自由搭乘KTX等一般列車及特定觀光列車。而機動票券則是包括「機動2日券」、「機動4日券」，可在10天任選「2個日期」或「4個日期」使用，使用有效期限為指定開始使用日期的10天內有效。

KR PASS介紹

項目	説明
對象	一般外國遊客或定居在韓國的外國人
類型	1.普通（Normal）：一般人。如果有4～12歲的小童同行，可以購買孩童版的Normal Korail Pass；若是4歲以下的兒童可以免費乘車，不需另外購票。 2.節約（Saver）：最少須2人以上購買，價格約是Normal的9折。
使用時間	根據旅行天數選擇連續票券（3、5天等）以及機動票券（2、4天等）。
可搭乘車種	KTX等一般列車及特定觀光列車
搭乘次數	可在規定的天數內無限制次數搭乘
購買方式	可透過Let's Korail官網訂購KR PASS兌換券（e-Ticket），完成線上預訂後，再憑兌換券至機場或主要火車站兌換Korail P，指定搭乘的列車並劃位。

※票價不定時調整，最新價格請洽官網：http://www.letskorail.com
※可能在特定期間內無法使用（特定重大節日如春節、中秋節……等）或是升級特等車廂時將會有追加費用。

KR PASS可無限次搭乘的車種

分類	車種類別
一般列車	KTX、KTX-山川（Sancheon／산천）、ITX-新村號（Saemaul／새마을）、新村號、無窮花號（Mugunghwa／무궁화）、Nuriro號、通勤列車、ITX-青春（Cheongchun／청춘）
觀光列車	旌善阿里郎列車（A-train）、西海黃金列車（G-train）、中部內陸循環列車（O-train）、南道海洋列車（S-train）、和平列車（DMZ-train）等。

※地鐵不適用

計程車

一般計程車：（일반택시／銀色、白色），起跳價₩2,800～₩3,300，前2公里不跳錶，之後每142m／每35秒增加₩100。

模範計程車：（모범택시／黑色）起跳價₩4,000，前3公里不跳錶，之後每164m／每39秒增加₩200。

※深夜時間（00：00～04：00）及跨城市加收20%的附加費，如有相關過路費（₩1,200）須由乘客負擔。以南浦洞到西面為例，不塞車約15分鐘左右，車資約₩13,000；南浦洞到海雲台，車資約₩18,000。

＊巴士

客運巴士

韓國的客運可分為**高速巴士**（고속버스）和**市外巴士**（시외버스）兩種，如果標明是綜合巴士客運站，則可在站內搭乘高速巴士與市外巴士。

巴士客運站命名方式為：「地區名稱」＋「高速、市外或綜合」＋「巴士客運站」如：東首爾綜合巴士客運站（동서울 종합 터미널）、釜山綜合巴士客運站（부산 종합 버스터미널）。

高速巴士

主要行駛高速公路的巴士，除了休息站以外，通常途中不停車或繞經其他城市，在目的地的高速巴士客運站下車。高速巴士又可分**一般車**（일반고속）與**優等車**（우등고속）。高級車座位較寬敞、價錢當然也會貴一些。

市外巴士

市外巴士分普通車與直達車。普通車會在所有的客運站停車，而直達車則直接開往目的地，直達車還有夜間行駛的「深夜巴士」。市外巴士會在目的地的市外巴士客運站下車。直達的市外巴士會標明「中途不停靠」或是「直達」，市外巴士沒有等級之分。

站名	說明
釜山綜合巴士站 （老圃站）	釜山地鐵1號線老圃站（133）3號出口連接釜山綜合巴士客運站（종합버스터미널）
釜山西部巴士站 （沙上站）	釜山地鐵沙上站（227）5號出口、輕軌沙上站（501）1或2號出口可步行到釜山西部市外巴士站（부산서부버스터미널）
首爾高速巴士站	首爾地鐵高速巴士站（339/734/923），1號出口京釜線方向
東首爾綜合巴士站	首爾地鐵2號線江邊站（214），4號出口對面大樓即是東首爾綜合巴士站（동서울종합터미널）
首爾南部巴士站	首爾地鐵3號線南部巴士站（341），5號出口直走可抵達首爾南部巴士站（서울남부터미널）

詳細班次查詢
高速巴士➜https://www.kobus.co.kr/main.do （中英日韓）
市外巴士➜https://txbuse.t-money.co.kr/main.do （中英日韓）
※以上資料僅供參考，如有異動請以最新公告為準。

＊自駕

由於台灣非日內瓦與維也納協約國，因此韓國不承認台灣駕照，為了方便旅客，繼互惠自動通關後，台韓目前協商中。2019下半年開始有機會在韓國合法租車自駕旅行。不過各國民情不同，仍需注意安全。

退稅步驟超EASY

帶著戰利品回家去

享受完美好的旅程，想必行李箱已經裝滿了滿滿的戰利品，而身為旅客，「免稅」就相當重要，韓國的免稅制度可分成「Duty Free（免稅）」和「Tax Refund（退稅）」2大種，在此整理退稅攻略給讀者。

＊出境程序

＊退稅

「Duty Free」是指購物時可免稅金，在貼有「Duty Free」標誌的免稅商店，可直接免去關稅以及消費稅（附加價值稅、個別消費稅等）等價格。此類免稅品賣場多半像是樂天、新羅、新世界等企業，賣場多位於機場或自有百貨公司。

而「Tax Refund（退稅）」則是指貼有Tax Refund或Tax Free等標誌的店家。在購物時記得索取退稅單，再到市區退稅處或機場辦理退稅，退還商品價格中包含的消費稅。「Duty Free（免稅）」和「Tax Refund（退稅）」不可同時使用，也就是在免稅店購買的商品無法再享有退稅。

目前約有7家退稅公司，包括Globle Blue TAX FREE、GLOBAL TAX FREE、kt tourist reward、EASY TAS FREE、Easy tax refund、Cube Redund、TAX FREE，可退稅商店及單據皆有各家業者專有標誌（如下圖），不同退稅公司商品單據僅能在各家退稅處辦理退稅，請務必先確認清楚，不要混淆了。

退稅基本須知

退稅標準	在貼有「Tax Refund（退稅）」之店家購物，單筆消費金額滿₩30,000以上才可退稅。
退稅比例	不同的消費金額有不同的退稅比例，從5～7%都有。
退稅資格	在韓國不逗留超過6個月的旅客，僅限訪韓外國旅客，於韓國國內持工作簽證者或滯留6個月以上者不得退稅。
退稅期限	從消費日起算，3個月內一定要出境辦理退稅，超過期限即無法退稅。目前陸續新增「即時退稅」、「市區退稅」（以信用卡擔保）等方式更多元，退稅更方便管道更多元。如果搭乘的班機超過服務時間，可將退稅單投入人工櫃檯前的信箱，稅金會退回信用卡帳戶中。 人工櫃檯服務時間：06：30～21：30

退稅級距

　　各家公司退稅比例稍有不同，以橘標GLOBAL TAX FREE為例，最優惠的是消費₩100,000，可以退到7%，其他金額則是5%左右；而藍標 Global Blue TAX FREE消費₩50,000則是最划算的金額剛好有7%，次之是₩75,000可退約6.7%，提供精打細算的朋友參考。

橘標GLOBAL TAX FREE退稅金額

消費金額（韓元）	退稅金額（韓元）
30,000～49,999	2,000
50,000～74,999	3,000
75,000～99,999	5,000
100,000～124,999	7,000
125,000～149,999	8,000
150,000～174,999	9,000
175,000～199,999	10,000
200,000～224,999	12,000
225,000～249,999	13,000
250,000～274,999	15,000
275,000～299,999	17,000
300,000～324,999	19,000

藍標GLOBAL TAX FREE退稅金額

消費金額（韓元）	退稅金額（韓元）
30,000～49,999	1,500
50,000～74,999	3,500
75,000～99,999	5,000
100,000～124,999	6,000
125,000～149,999	7,500
150,000～174,999	9,000
175,000～199,999	10,000
200,000～224,999	12,000
225,000～249,999	13,500
250,000～274,999	15,500

＊退稅方式

1 即時退稅

在可辦理退稅商店，購買單筆滿₩30,000以上未滿₩200,000，即可現場享有免稅優惠價格（結帳金額即免稅價）。

※ 可即時退稅之店家

2 市區退稅

單筆消費滿₩30,000 ➡ 向店家提出申請 ➡ 市區退稅 ➡ 前往專屬的退稅服務處

➡ 出示退稅單據、護照、國際信用卡 ➡ 以信用卡擔保現場退回現金

3 機場退稅

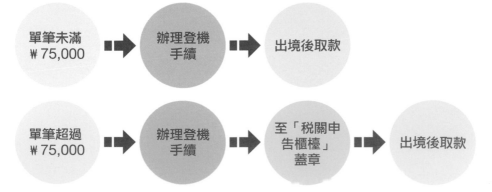

單筆未滿₩75,000 ➡ 辦理登機手續 ➡ 出境後取款

單筆超過₩75,000 ➡ 辦理登機手續 ➡ 至「稅關申告櫃檯」蓋章 ➡ 出境後取款

＊金海機場退稅步驟

 STEP 1　於可退稅店家消費時索取退稅單

有標示「Tax Refund（退稅）」之店家購買商品時，出示護照並向店員索取退稅單據。辦理退稅前請先填好個人相關資料：護照號碼、姓名、國籍、電子郵件、信用卡號並簽名（中英文皆可）

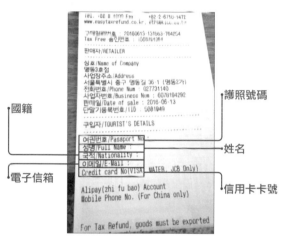

國籍

電子信箱

護照號碼

姓名

信用卡卡號

 STEP 2　辦理登機手續辦理退稅

請先至各航空櫃台辦理登機手續，如單筆消費金額超過₩75000至稅關申告櫃檯（B26及C20中間），持「退稅單據」及「退稅物品」（勿拆封使用）在海關櫃檯蓋退稅章。如櫃檯無人，可用櫃檯上的電話撥打分機7253請海關人員協助處理。

 STEP 3　出境後領取現金

進入出境管制區後往右轉，在退稅服務櫃檯，出示退稅單據和護照領取退稅款。

開始玩釜山

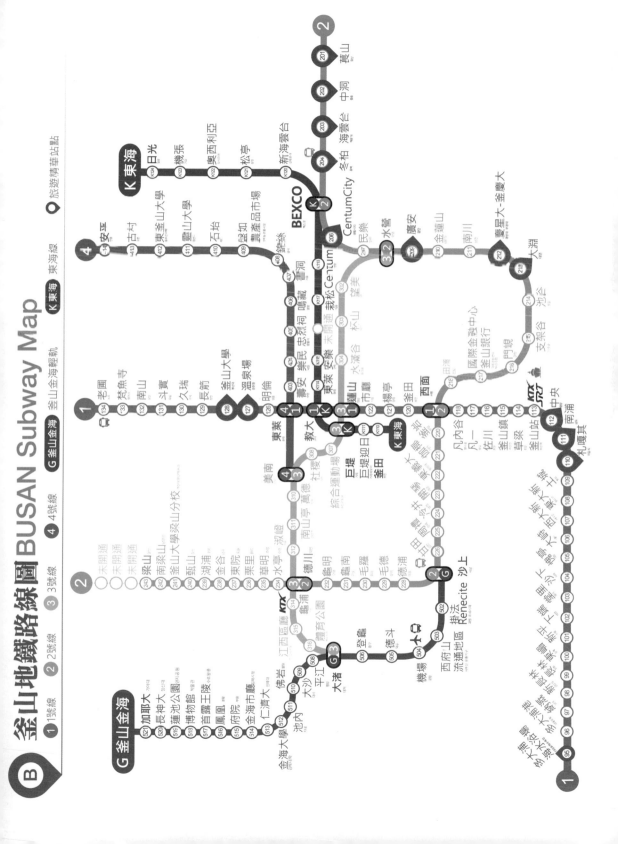

釜山地鐵路線圖 BUSAN Subway Map

1 1號線　2 2號線　3 3號線　4 4號線

K 東海　K 東海線　東海線

G 釜山金海　釜山金海輕軌

◆ 旅遊精華站點

釜山地鐵1號線

釜山目前地鐵有四條線，另外還有釜山金海輕電鐵以及東海線，雖然只有四條但已包含了大部分重點精華區域，搭乘地鐵即可輕鬆前往各景點。其中觀光客較常使用的是地鐵1號及2號線。

韓戰期間，釜山成為韓國戰時臨時首都，難民蜂擁而來，人口甚至突破百萬。中央站可算是近代釜山的起源，是以前舊釜山車站、市廳所在地。可從周邊的釜山近代歷史博物館、40階梯文化觀光主題街發現不少戰後生活的痕跡。

 美食 白鷗堂 │ 백구당 │

老字號麵包店

　　釜山知名麵包店「白鷗堂」，是釜山3大麵包店中唯一未設分店的品牌，從1959年開始營業至今飄香近一甲子，是家經常得獎的老字號。店面外表看來簡約，麵包的手技卻相當扎實。像是招牌玉米夾心、奶酪千層酥都是非常值得一試的品項。

INFO

🏠 釜山市中區中央洞4街31-1 /부산시 중구 중앙동4가31-1（中央大路81號街3 / 중앙대로81번길3）

📞 051-465-0109

🕐 07：00～22：30

🚇 地鐵中央站13號出口左轉，位於GS25對面。

40階梯文化觀光主題街

| 40계단문화관광테마거리 |

保留舊時記憶，注入新興文化

40階梯文化觀光主題街是從國民銀行中央洞分行，經過40階梯，延伸到40階梯文化館，總長約450公尺的街道。

這裡是韓戰時期逃難時的避難處，因靠近碼頭方便物資運送，逐漸形成暫時居住的社區。往40階梯途中會經過不少描繪當時生活情境的銅像，像是等待爆米花的孩子們、餵母乳的媽媽、火車之路、挑水擔的孩子們……40階梯中間的銅像是「拉風琴的人」。

附近還有文化館跟紀念館，階梯往上在東光洞印刷街附近還有「伏兵山壁畫村복병산벽화마을」，將三條巷弄分別用不同顏色彩繪成繽紛的街頭藝廊。40階梯文化觀光主題街因為《食尚玩家》、《必娶女人》和《Running Man》都曾來過取景，成為觀光客行程中想造訪的景點。這裡對老一輩人來說應該是哀怨與鄉愁的回憶，但在政府積極發展觀光政策之下，打造成新一代的觀光景點，每年六月這邊還會有40階梯文化節。

INFO

🏠 釜山市中區中央洞4街36-3 / 부산시 중구 중앙동4가36-3（海關路61 / 해광로61）

📞 051-600-4041

🚇 地鐵中央洞站11號出口至路口右轉，直走即可看到。

玩樂 慢履藝術市集（Slow Walk Art Market） | 또따또가 예술시장 |

文創、音樂、手作風

在40階梯文化觀光主題街前有個小市集，由多位喜愛手作的創作者聚集，展出親自製作的手工藝品、飾品、皮革工藝⋯⋯等，同時還有街頭表演，自彈自唱即興演出，如果碰巧經過可放慢腳步，一邊享受購物的樂趣，還可欣賞充滿活力的精彩演出。

INFO

🏠 釜山市中區中央洞／부산시 중구 중앙동（40階梯路10／40계단길10），40階梯文化觀光主題街前

🕐 每週三11：00～14：00，天氣不佳時暫停

🌐 http://www.tttg.kr/xe/introduce

美食 BETTER MONDAY drink | 베러먼데이 |

活力迎接每一天！

韓國飲料店跟咖啡店一樣品牌眾多，三步一家、五步一店，密集度超高，如何在競爭激烈的市場中被青睞？「BETTER MONDAY drink」較特別的是它導入了草本健康概念，可分成活力飲、果汁、草本⋯⋯等不同產品線，從讓人憂鬱的禮拜一開始，就給你滿滿的元氣與活力！

INFO

🏠 釜山市中區中央洞4街36-1／부산시 중구 중앙동4가 36-1（海關路59-1／해관로 59-1）

📞 051-466-9871

🕐 08：00～21：00

🌐 http://bettermonday.company/

🚇 地鐵中央站11號出口直走右轉，經過2條巷子後再右轉。

美食 祖方章魚 | 조방낙지 |

國民料理再一發！

　　辣炒章魚是道蠻普遍的韓國家庭料理，炒鍋中加入海鮮與小菜等拌炒，而祖方章魚另外加了大蒜和辣椒以及祖傳秘方調製，章魚的鮮甜以及嚼勁吃起來相當過癮，辣度更是讓人印象深刻，因此深受在地人與日本觀光客喜愛。

INFO

🏠 釜山市中區中央洞4街36-9／부산시 중구 중앙동4가36-9（海關路63-1／해관로 63-1）

📞 051-469-8751

🕙 10：00～22：00，每週日公休

💲 ₩6000～₩8000，辣炒章魚낙지볶음、章魚炒蝦낙새볶음、章魚牛腸낙곱볶음

🚇 地鐵中央站11號出口直走右轉，經過2條巷子後再右轉。

玩樂 釜山近代歷史館 | 부산근대역사관 |

走入歷史時光機

　　想要了解一座城市的前世今生，最簡單快速的方式或許可以從博物館開始！釜山近代史博物館位在龍頭山後方，不是很起眼也沒有人潮，但卻有滿滿的故事可以對來者訴說。從日本統治、韓戰爆發期間，成為不可小覷的地理角色，也看到了這座城市填海造陸以及對經貿發展的努力，堅毅與成長。

INFO

🏠 釜山市中區大廳洞2街24-2／부산시 종구 대청동2가24-2（大廳路104／대청로104）

📞 051-253-3845

🕙 09：00～18：00（17：00停止入場），每週一與元旦休館

💲 免費入場

🌐 http://modern.busan.go.kr/

🚇 地鐵中央站5號出口，經過龍頭山後方入口旁即可看到。

 坑樂 **寶水洞舊書街** | 보수동책방골목 |

 韓巢

洋溢舊式風情

韓國在1950年爆發6.25戰爭（朝鮮戰爭）之後，釜山成為臨時首都，逃難的教授與學生因購書需求，學生們出售個人的舊書，再買回二手舊書或雜誌，因此書店數量逐漸變多，形成聚集經濟成為可不斷循環的二手交易舊書店街。1960～70年代時，這裡聚集了70多間店家，漸漸地成為了釜山著名的景點之一。在這樣的特殊背景之下，寶水洞舊書店街至今仍是韓國少數知名的書店街。

在政府積極發展觀光下，現在是釜山非常知名的旅遊景點，在這裡可以發現好多充滿風霜的老書。這條風格獨具的街道也曾吸引台灣連續劇造訪取景，雖然只是幾條短短巷弄，不自覺散發出自有的特殊氣質。

INFO

🏠 釜山市中區寶水洞1街130-3／부산시 중구 보수동1가 130-3（大廳路61-2／대청로61-2）

📞 051-743-7650

🕐 依店家營業時間

🚇 地鐵中央站7號出口直走約800公尺，步行時間約10分鐘左右，或地鐵札嘎其站3號出口直走，經過富平市場的大馬路即是入口約700公尺。

札嘎其站與南浦站周邊街道圖

📷 玩樂景點　🍴 推薦美食　🛍 購物商店

巨人炸雞
거인통닭

富平市場奶奶油豆腐包
할매유부전골

釜山炭火燒肉
부산숯불갈비

魚糕巷

富平市場（罐頭市場）
부평시장（깡통시장）

豆田裡嫩豆腐
콩밭에

李家辣炒年糕
이가네 떡볶이

東名刀削麵
동명칼국수

入口

故鄉泡菜鍋
고향김치전골

國際市場
국제시장

BNK釜山銀行

昌善洞紅豆冰（粥）街
죽、팥빙수골목

照明之街

萬物之街

年輕之街

元祖漢陽豬腳
한양족발

元祖釜山豬腳
원조부산족발

阿里郎美食街
아리랑거리

Y'Z PARK
와이즈파크

豚王五花肉
돈킹삼겹살

富平洞豬腳街
부평동 족발거리

大創

BIFF廣場
BIFF 광장

老爺炸雞
나리치킨

KFG
歐利芙洋
OLIVE YOUNG

南浦蔘雞湯
남포삼계탕

七七炸雞（富平店）
칠칠켄터키

黑糖餅
씨앗호떡

大排檔街

110
札嘎其站
자갈치역

札嘎其市場
자갈치시장

D　　　　　E　　　　　F

9
7
4
5
2
3

112　中央站
　　　중앙역

1

1

2

H

⊗ 派出所

¥

¥

¥

● BNK釜山銀行

¥

Check in Busan

¥

龍頭山公園、釜山塔
용두산공원 & 부산타워

BNK釜山百貨

casamia家飾店
　　　　까사미아

3

● ABC MART

KAKAO FRIENDS旗艦店

光復洞時裝街
광복로 패션거리

手扶梯

手扶梯

光復地下
購物中心

樂天百貨光復店
롯데백화점

4

七七炸雞（南浦店）
칠칠켄터키

99無限五花
99통삼겹무한리필

味贊王鹽烤肉
맛찬들왕소금구이

7

5

3

1

南浦地下
購物中心

2

10

STREET
CHURROS
吉拿圈專賣店

8

樂天百貨
頂樓公園展望台
롯데백화점
옥상공원전망대

4

6

正直的金先生
바르다김선생

111　南浦站
　　　남포역

ⓘ

5

影島大橋
영도대교

N

D　　　　　E　　　　　F

111 南浦站

中區 **購物賞玩最佳去處** | 남포역 |

南浦洞文化與活力兼具，喜歡逛街購物的話這裡有百貨、地下街以及傳統市場；也可上龍頭山登高遠眺釜山市景，或是就近轉往附近的影島或太宗台探索不同面貌的釜山。

購物 casamia家飾店 | 까사미아 |

輕鬆打造居家時尚

casamia是連鎖傢俱家飾品牌，位在樂天百貨光復店旁，顯眼外觀散發獨特氣質，匯集了許多設計師品牌，帶點韓國版無印良品的質感，從傢俱、寢具、家飾、廚房、衛浴、餐具……通通都有，喜歡不定時替換居家佈置的朋友到這裡相信會愛不釋手！

INFO

🏠 釜山市中區中央洞6街72，1～3樓／부산시 중구 중앙동6가 72，1～3층（中央大路22／중앙대로 22）
📞 051-961-7113
🕐 10：30～20：00
🌐 casamiashop.com（韓）
🚇 地鐵南浦站10號出口直走，經過樂天百貨光復店轉角即可看到。
📍 F,3

龍頭山公園、釜山塔 | 용두산공원 & 부산타워 |

俯瞰海港都市

龍頭山公園位於釜山市中區，因山勢貌似龍頭而命名，是釜山市民運動休閒的都市公園。佔地面積約2萬多坪，內有民族英雄——李舜成將軍銅像、鍾閣、八角亭、美術館以及約120公尺高的指標建築「釜山塔」，從釜山塔可飽覽市區美景。

INFO

🏠 釜山市中區光復洞2街1-2／부산시 중구 광복동2가 1-2（龍頭山街 37-55／용두산길 37-55）

📞 051-860-7820

🕐 釜山塔觀景台 09：00~·22：00

💲 入園免費，景觀台門票：大人₩5000、小孩₩3000

🌐 http://yongdusanpark.bisco.or.kr（韓）

🚇 地鐵南浦站1號出口直走，第1個巷子右轉，經過2條橫巷即可看到手扶梯搭乘處。

📍 D,3

正直的金先生 | 바르다김선생 |

傳統美食也可以時尚又美味

是有名的連鎖品牌，在全國有上百家分店，目前釜山有4間。後來因韓綜而更加受歡迎，是不少觀光客指定必吃的品牌！飯捲至少有8種以上可選擇，餃子口味也很不錯，皮薄餡多肉質細緻帶點些微甜味，是一個人也能享受的好滋味。

INFO

釜山南浦店／부산남포점

🏠 釜山市中區南浦洞2街20-5／부산시 중구 남포동2가 20-5（南浦街20／남포길 20）

📞 051-244-3022

🕐 10：00~22：00

💲 ₩3200~₩4800之間，紫菜飯捲바른김밥、排骨餃子갈비만두

🌐 www.teacherkim.co.kr

🍽 可1人用餐

🚇 地鐵南浦站1號出口直走，經過3個路口後右轉再右轉

📍 D,4

樂天百貨光復店

複合式多元休閒空間

| 롯데백화점 |

樂天百貨光復店 2009 年開幕之後陸續擴建，加入了飯店、免稅店、電影院及樂天超市，超市與百貨相連，順勢成為釜山南浦洞好逛好買的購物商圈。設有能眺望大海與釜山市區的觀景台和國內最大規模的空中公園，成為遊客欣賞釜山景觀的最佳地點。

由本館、Aqua Mall 2 大館組成，地下一樓主要是美食街樓層，附設置物櫃、飲水機等服務設備，另外還有列入金氏紀錄的世界最大室內音樂噴泉（Aqua Mall），可欣賞獨一無二的「水舞秀噴泉廣場」。

INFO

🏠 釜山市中區中央洞7街20-1／부산시 중구 중앙동7가 20-1（中央大路2／중앙대로 2）

📞 051-678-2500

🕐 10：30～20：00（本館）10：30～22：00（Aqua Mall）

🌐 http://store.lotteshopping.com/handler/BranchInfoChi-Start29（中）

🚇 地鐵南浦站8或10號出口可抵達樂天百貨B1。

📍 F,4

＊特殊樓層介紹
B1：美食街、日常用品、特賣會、噴水秀
10F：美食街（AQUA MALL、文化中心、藝廊）
11F：空中庭園、觀景台、咖啡廳

音樂噴泉／아쿠아틱쇼

「Aquatique Show」噴泉秀號稱世界最大的室內激光音樂噴泉，寬度8公尺、高達4層樓規模的水幕，每到整點音樂噴泉都會由超過1000個的小孔噴出水柱與華麗的燈光照明、音樂相互輝映！

※音樂噴泉：11：00～21：00，每一整點表演共11次

樂天百貨頂樓公園展望台
／롯데백화점 옥상공원전망대

同時擁有藍天綠海的休閒空間，從樂天百貨光復店頂樓展望台俯瞰整個海港景色，隨著方向不同，可以看到影島大橋、釜山大橋以及地標釜山塔，欣賞日夜不同的釜山市景。另外還設有露天咖啡座以及兒童遊戲區，適合親子來這吹吹風、充充電。

STREET CHURROS吉拿圈專賣店

韓國超人氣美食，由韓國年輕主廚創意改良，將西班牙傳統小吃吉拿棒改由健康穀物製成，造型更討喜。從一開始在首爾梨泰院開設第一家店，短短3年時間就紅遍海內外。甜滋滋的吉拿圈帶點淡淡肉桂香氣，再搭配上冰淇淋冰涼順口，不定期推出多款創新口味多元吃法，滿足喜歡甜食的朋友。

購物 光復洞時裝街 | 광복로 패션거리 |
逛街購物、流行時尚

樂天百貨光復店一路往昌善洞方向是中區著名的購物街，國際知名品牌和彩妝店幾乎都會在此插旗，想要一次買齊各品牌到這就對了！還有平價又流行的各種服飾、飾品、包包、鞋子……等遍佈在各大街小巷內，相當於首爾明洞。規劃整齊的街道和有故事性的裝置藝術，為購物帶來不少便利與可看性，附近還有BIFF廣場、札嘎其市場、國際市場、龍頭山公園等可順帶一遊。

INFO

🏠 釜山市中區光復洞2街／부산시 중구 광복동2가

🚇 地鐵南浦站1號出口直走經過2個橫向路口右轉，再步行2個橫向路口即可看到。

📍 D,4

美食 味贊王鹽烤肉 | 맛찬들왕소금구이 |
3.5公分厚五花的誘惑力！

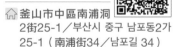

近年崛起的連鎖餐廳，賣點是事前經過14天熟成厚度高達有3.5公分的五花肉。三層肉與豬頸肉因為厚度關係料理需要專業經驗，所以提供桌邊服務協助，另一貼心之處就是一旁的保溫石，目的是避免肉在烤盤上太久導致肉質流失過柴，同時又能維持熱度。肉質Q彈有嚼勁，還可搭配特製岩鹽，是蠻加分的吃法！

INFO

🏠 釜山市中區南浦洞2街25-1／부산시 중구 남포동2가25-1（南浦街34／남포길 34）

📞 051-242-3709

🕐 11：00～02：00

💲 每份₩9500起，三層肉삼겹살、梅花肉목살、豬頸肉항정살

🍴 低消為3份肉（2+1）

🚇 地鐵南浦站1號出口直走經過2個橫向路口右轉再右轉。

📍 D,4

美食

99無限五花 | 99통삼겹무한리필 |

烤肉無限供應！隨你吃到飽

　　韓國近幾年也開始流行吃到飽！有些烤肉是限定五花肉吃到飽，而這家則是有五種肉可以選擇，多樣小菜如生菜、蒜頭、辣椒、橡實凍等都可以自助無限續添。

　　五花肉上桌前會先煎烤一下，而調味豬肉則是醃得很入味。有些朋友則是特愛豬皮烤到焦脆的口感。五種肉不論沾醬或是搭配生菜，有變化又絕對吃得飽，正港吃貨來吃非常划算！

INFO

南浦店 / 남포점

🏠 釜山市中區南浦洞2街23-1／부산시 중구 남포동2가 23-1 （南浦街28／남포길 28）

📞 051-245-9994

🕐 12：00～23：30

💲 每人₩13800

🗨 須2人以上，時間為2小時。

🚇 地鐵南浦站1號出口直走，經過2個路口後右轉，第1個十字路口左轉就會看到，位於左手邊。

📍 D,4

 美食

七七 KENTUCKY炸雞

| 칠칠켄터키 |　　**不能錯過的炸雞名店**

　　釜山備受推崇的三大炸雞品牌分別是：巨人炸雞、五福炸雞及南浦洞內的「七七肯德基炸雞」。

　　黃綠色搭配木質門面十足的復古風，光是釜山就有將近20家分店，品牌顏色很有識別度。採用新鮮雞肉，加上天然醃料去腥，獨家的醬料是一大賣點，炸出皮脆肉嫩又帶汁的美味炸雞。餐點現點現做需要花上一些等待的時間，等待的時候隨桌附上薯條、爆米花、生菜沙拉以及醃蘿蔔，蘿蔔是用蘋果醋、青梅汁等天然調味，酸中帶甜，與炸雞超合拍，一口炸雞一口配菜，難怪會是傳承40年的傳統吮指好味。

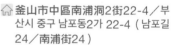

INFO

南浦店 / 남포점

🏠 釜山市中區南浦洞2街22-4／부산시 중구 남포동2가 22-4 （남포길24／南浦街24）

📞 051-241-7792

🕐 14：00～02：00

💲 ₩16000起，原味后라이드、調味양념、辣醬땡초、糖醋탕수

🚇 地鐵南浦站1號出口出來後右轉，第1個巷子左轉，繼續直走過2個橫向路口即可看到。

📍 D,4

KAKAO FRIENDS旗艦店
購物

首間APEACH Cafe，少女無法擋！

　　已經在首爾弘大和江南的旗艦店開設了KAKAO FRIENDS專門店，2017年中在釜山也有了門市了。不讓萊恩專美於前，釜山這間是首家APEACH專屬Café！四層樓將近200坪空間，1樓是玩具部，2樓則是多3C配件、文具、衣服飾物和紀念品，3樓是生活雜貨，各主角可愛又實用的週邊商品讓人目不暇給，真的很容易荷包失守！而4樓就是APEACH Café，整個空間都是浪漫的粉紅色，非常適合購物完來個下午茶，中場休息一下。

INFO

🏠 釜山市中區光復路 62／부산시 중구 광복로 62

📞 051-256-0815

🕙 10：30～22：00

🚇 地鐵南浦站1號出口右轉，直走第2個路口左轉即是光復路主街，再經過2條橫向即可抵達位於左手邊。

📍 D,3

南浦蔘雞湯 ｜ 남포삼계탕 ｜
美食

近60年傳統老字號

　　南浦洞有兩家知名蔘雞湯，一家是「元祖首爾蔘雞湯」，一家是「南浦蔘雞湯」。後者從1959年開業至今，累積長年的專業與訣竅，精選國產雞肉、糯米、人蔘及各式配料，細火慢煮熬製成受歡迎的獨特口味。

　　好的蔘雞湯，雞肉細緻不柴、糯米綿密帶甜、湯底溫醇不油，南浦蔘雞湯詮釋的恰到炒處，隨桌附上的人蔘酒加進蔘雞湯裡，可將整體味道加厚並增色。

INFO

🏠 釜山市中區南浦洞3街12-2／부산시 중구 남포동3가 12-2（南浦街16／남포길 16）

📞 051-245-5075

🕙 11：00～21：30

💲 ₩13000～18000之間

🍴 可1人用餐

🚇 地鐵南浦站1號出口直走經過3個橫向路口右轉，在巷子左手邊；或札嘎其站7號出口直走同樣經過3個橫向路口左轉。　📍 C,4

美食 Check in Busan
可寄送「未來明信片」的特色咖啡館

「Check in Busan」是間複合式咖啡廳，除了地點好、服務佳之外，還提供明信片寄送服務。老闆是對夫妻，兩人是在澳洲Working Holidays認識的，婚後就在南浦洞換錢所3樓開了這間別具風格的咖啡店。有豐盛的早午餐外，還有許多創意的甜點、飲料、咖啡，除此之外，另外還有觀光服務櫃台，提供有需要的朋友旅遊相關訊息，就算不是旅遊相關，老闆夫妻都非常樂意提供協助。

店內整體空間相當寬敞，用世界各地的知名景點當作裝飾，搭配復古懷舊的傢俱，就算只是進來喝杯飲料寫張明信片都很舒服。特別的是還有提供未來明信片寄送服務，只要依照想收到的日期擺放在明信片櫃即可。有經過的時候不妨上樓休息一下，聽聽音樂、寫寫字、拍拍照……既隨興又自在。

INFO

🏠 釜山市中區東光洞1街6-7，3樓／부산시 중구 동광동
　 1가 6-7，3층（光復路97號街14／광복로97번길 14）

📞 051-244-3288

🕐 08：00～18：00、週二08：00～14：00（每週三公休）

🌐 http://www.checkinbusan.com/（中英韓）

🌐 http://www.facebook.com/checkinbusan

🚇 地鐵南浦站7號出口出來後右轉，第1個巷子左轉，接著直走經過2
　 個巷口後右手邊，步行時間約3分鐘（友利換錢所樓上3樓）。

📍 F,3　　　　　　　　　　※有時有不定時進修課程，營業時間機動性調整

美食 東名刀削麵 ｜동명칼국수｜

在地人才知的巷弄老鋪

在隱密的市場巷子裡開業超過30年，一到用餐時間就高朋滿座，想必是有值得一探究竟的實力。跟著在地人來碗人氣刀削麵吧！麵條分量足夠，湯頭清甜加上白芝麻更提香。雖然沒有連鎖品牌的光環加持，但味道卻是最經典、最耐人尋味的。

INFO

🏠 釜山市中區新昌洞1街20，2樓／부산시 중구 신창동1가20 2층（中區路34號街23／중구로34번길 23）

📞 051-241-0061

🕐 11：30～22：00（中秋節、農曆新年休）

💲 ₩3500～₩5000之間，刀削麵칼국수、蛤蜊刀削麵바지락칼국수、湯餃만두국、麵疙瘩손수제비、冷麵냉면、冷湯麵냉칼국수

🚌 地鐵南浦站1號出口往國際市場方向，經過3個橫向路口右轉，過紅豆冰街後，再過2路口左手邊巷內。

📍 C,2

美食 豆田裡嫩豆腐 ｜콩밭에｜

韓式小菜無限量供應，自助吃到飽

一個人在韓國用餐是件麻煩的事，很多餐廳低消至少要求2人以上，而南浦洞的豆田裡嫩豆腐不僅可以一個人大方用餐，還有好多小菜無限量供應讓饕客吃到飽，真的挺佛心！主餐為各式湯鍋，還提供十多種韓國美味家常菜自取，各種醃製泡菜、生菜沙拉、煎餅、涼拌冬粉、辣炒年糕、甜米露跟芝麻糊……等。親切的價格、Buffet式服務，難怪總是門庭若市、深受喜愛。

INFO

🏠 釜山市中區新昌洞1街5-4，B1／부산시 중구 신창동1가 5-4（光復路49號街26／광복로49번길 26）

📞 051-248-4530

🕐 10：30～21：30

💲 一律₩7500，海鮮豆腐鍋해물순두부、大醬湯된장찌개、泡菜鍋김치찌개

🍽 可1人用餐

🚌 地鐵南浦站1號出口直走，第3個路口右轉，經過7條橫巷後即可看到，在地下1樓。

📍 C,2

影島大橋 | 영도대교 |

玩樂

韓國唯一開合式陸橋

影島大橋是目前韓國唯一的開合式陸橋，日據時期連接南浦洞與影島的運輸橋樑，也是釜山第一座跨海大橋。

當年為了讓來往與南港與北港的船隻通行，橋面設計為單臂活動形式，每當有大型船隻經過時，橋的一端就會升起，橋面立於空中顯得非常獨特。建於1934年的影島大橋，在陪伴人民走過69年的時間，在2003年被判定為「危橋」，2006年被指定為釜山市紀念物，隔年釜山市政府開始擴張與重建工程，2013年嶄新的影島大橋重新啟用，可以說是韓國極具代表性的建築象徵。每天都有許多人潮前往欣賞，也成為釜山的代表地標之一。

INFO

🏠 釜山市影島區大橋洞1街／부산시 영도구 대교동1가
　（太宗路／태종로）

🕐 14：00～14：15，每天1次

🚇 地鐵南浦站6或8號出口直走即可看到。

📍 F,5

玩樂

太宗台 ｜태종대｜

釜山南端代表名勝

太宗台是新羅時期第29代「太宗武烈王」在此遊玩而得名，位在釜山影島最南端的自然公園，與五六島都是釜山代表性的岩岸，因波浪侵蝕海岸所形成的峭壁、茂密樹林與波浪相呼應而形成絕美景色，天晴時甚至可清楚看到遠處日本的對馬島。

園區廣闊佔地近180公頃，遊園列車行經著名景點：救命寺、展望台、燈塔、神仙岩等長約4多公里，從入口徒步遊覽的話約需花將近2小時，建議購買遊園列車較能節省體力。

INFO

🏠 釜山市影島區東三洞山29-1／부산시 영도구 동삼동산29-1（展望路209／전망로209）

📞 051-405-2004

🕐 遊園列車行駛時間：
夏季09：20～20：00、
冬季09：20～19：00
遊園列車售票時間：
夏季09：00～19：00、
冬季09：00～18：30

💲 入園免費，遊園列車所需費用：成人₩2000、青少年₩1500　兒童₩1000，營業時間內不限次數搭乘。

🚌 地鐵南浦站6號出口，搭乘公車8、30、66、186皆可抵達。或釜山火車站對面搭乘88或101號公車。

※夏季：3～10月、冬季11～2月

遊園列車（DANUBI）巡迴路線

廣場 → 救命寺 → 展望台 → 影島燈塔 → 太宗寺 → 廣場

美食 # 太宗台烤貝村 | 태종대 포장마차 |

大啖海鮮最強推介

　　釜山近海，到這裡當然不能錯過海鮮了！釜山的貝產相當豐富，有不少知名烤貝街（村），包括尾浦、青沙浦、太宗台、松島岩南公園……等。欣賞完太宗台大自然美景後，不妨到入口附近的烤貝村飽餐一頓。店家會很熱情的攬客，雖有公開牌價，但如果想議價的話，最好事先溝通清楚。各種海鮮加上起司、韓式醬料以及滿滿的蔬菜一起烤，不僅新鮮，口味也多變層次豐富，美景搭配美食絕對是旅程的一人享受！

INFO

🏠 釜山市影島區東三洞／부산시 영도구 동삼동

🕐 12：00～02：00（大約）

💲 ₩40000起，烤蚶貝조개구이、烤鮮蝦새우구이、烤鰻魚장어구이、海鮮拼盤해물모듬

🚌 面對「太宗台」招牌右轉後看到停車場方向再往下走，近海可看到整排攤商。

 玩樂 # 絕影海岸散步路 | 절영해안산책로 |

沿海拾級而上

　　影島上除了知名的太宗台之外，沿著西海岸的散步路可延伸到絕影海岸散步路、影島天空步道、彩虹階梯、75廣場、白險灘文化村等景點，不論是從透明的展望台或是七彩繽紛拾級而上的階梯，都能以最接近海的角度收藏釜山海景。（詳見P.30）

INFO

🏠 釜山市影島區東三洞／부산시 영도구 동삼동

🚌 地鐵南浦站（111）6號出口不遠處公車站牌搭乘「7、71、508」號公車，可到影島天空觀景台、75廣場等，車程時間約15分鐘。

110 札嘎其站

中區　釜山重量級景點　│ 자갈치역 │

札嘎其、南浦洞、西面可說是多數人初到釜山不會錯過的重要景點，前兩站相鄰，有南浦地下購物中心串聯。附近還有札嘎其魚市場、BIFF廣場、國際市場、富平罐頭市場以及光復洞時尚街，不論是想要逛街購物、大啖海鮮、街頭小吃……，這裡都能滿足各種需求。

玩樂 BIFF廣場 │ BIFF 광장 │

釜山電影節起點

　　早期聚集了多家劇場，1996年開始舉辦的釜山國際電影節（Pusan International Film Festival）因此命名為「PIFF廣場（現稱BIFF）。

　　每年的電影節前夕都會在BIFF廣場為活動拉開序幕，因此有條四百多公尺的「明星街」及「電影節街」，留著不少知名藝人的紀念手印。（現在頒獎典禮多半轉移到海雲台電影殿堂，詳見P.28）

　　現在雖然少了電影的氣味，但多了時尚與購物，仍是個吸引時下年輕男女的活力空間。

INFO

🏠 釜山市中區南浦洞5街一帶／부산시 중구 남포동5가 일대（BIFF 廣場路20／비프광장로 20）

🌐 http://tour.bsjunggu.go.kr （韓）

🚇 地鐵札嘎其站7號出口直走，經過2個橫向路口左轉即可見到BIFF廣場

📍 C,4

美食 黑糖餅 | 씨앗호떡 |

大排長龍人氣小吃

　　BIFF廣場上有著眾多小吃，像是超長尺寸的香腸熱狗串、烤魷魚、澎湃海鮮與黑輪，其中最受歡迎的莫過於黑糖餅了！短短的一條街就聚集了多家攤商。麵皮以半煎炸後再放進黑糖、花生、葵花子等許多堅果餡料，趁熱一口咬下外層酥脆，內餡豐富甜中又帶點肉桂香。不過各家口味略有不同，可依個人喜好選擇。

INFO

🏠 釜山市中區南浦洞5街一帶／부산시 중구 남포동5기 일대（BIFF廣場路／비프광장로）

📞 010-2558-4064

🕐 10：00～22：00
　　（售完提早打烊）

🚇 BIFF廣場前小吃街

📍 C,4

美食 豚王五花肉 | 돈킹삼겹살 |

在地人才知的平價烤肉

　　這家較少台灣朋友知道，卻是不少日本客喜愛的巷弄美食，重點是便宜又好吃！提供各種款式肉品：厚薄五花肉、醃五花肉、排骨⋯⋯而豬皮幾乎每桌必點。不敢吃豬皮的朋友，可以像《祕密花園》裡的金祖沅任性的把豬皮放在嘴裡等它融化，搞不好會有意外驚喜唷！

INFO

🏠 釜山市中區富平洞1街40-2／부산시 중구부평동 40-2（光復路12／광복로 12）

📞 051-256-7505

🕐 24小時

💲 ₩3000起，豬皮껍데기、五花肉片대패삼겹살、豬頸肉목살

💬 可1人用餐，須點2份以上。

🚇 地鐵札嘎其站3或5號出口往富平洞豬腳街方向，位於元祖漢陽豬腳對面。

📍 B,3

美食 札嘎其市場 ｜자갈치시장｜
市區最大海鮮市場

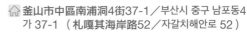

札嘎其市場不僅是釜山，也是韓國最具代表性的海鮮市場，2006年底落成的海鷗造型大樓成為札嘎其市場代表性地標。

大樓一樓是水產魚市，販賣各類新鮮魚貨；二樓則是餐廳，可在一樓選購海鮮後再到二樓付料理費食用，亦可直接在餐廳內用餐。

大快朵頤後，可到頂樓的天空公園欣賞釜山周邊海景。路邊的各家攤商、一應俱全的海鮮大樓……，位置就在地鐵可到的市區，新鮮且方便，是札嘎其市場讓人無法抗拒的主要原因。

INFO

🏠 釜山市中區南浦洞4街37-1／부산시 중구 남포동4가 37-1（札嘎其海岸路52／자갈치해안로 52）

📞 051-245-2594

🕐 06：00～22：00（各店略有不同）

🌐 http://tour.bsjunggu.go.kr/main/main.php（中英日韓）

🚌 地鐵札嘎其站10號出口直走，經過3個橫向路口後右轉直走到底即可抵達。

📍 C,5

※每月第1、3個週二、中秋及春節公休

樓層介紹
1F：水產市場（수산물시장）
2F：生魚片中心（생선회센터）
5F：OASE海鮮自助餐（오아제씨푸드뷔페）
7F：特拉背包客棧
　　（Terra GuestHouse／오아제씨푸드뷔페）
頂樓：天空公園展望台
　　（Sky Terrace／하늘공원전망대）

Y'Z PARK | 와이즈파크 |

購物

複合式百貨商城

　　南浦洞一帶有三家複合式商城：Y'Z PARK、樂天百貨以及elCUBE。Y'Z PARK位於光復路靠近國際市場，聚集了年輕人喜愛的潮流元素，有不少美妝保養品、運動休閒品牌……，還有知名B&C麵包店、雪冰及各餐廳。如果太熱或者下雨天，不失為一站式購物的好選擇！

INFO

光復店／광복점

🏠 釜山市中區昌善洞1街12-1／부산시 중구 창선동1가12-1（光復路39號街6／광복로39번길6）

📞 051-260-5000

🕐 11：00～22：00

🚇 地鐵札嘎其站7號出口直走後左轉，經過3個橫向路口後右轉，位於第4個橫向左手邊。

📍 C,3

老爺炸雞 | 나리치킨 |

美食

獨門秘醬錯過可惜

　　藏在札嘎其市場附近的小巷弄裡，小小的外觀很容易忽略，卻隱藏著獨到的美味。原味炸雞麵衣酥脆卻不厚重且鹹度適中，外皮是盡責的配角完全不搶戲，一口咬下後可吃出雞肉本身的鮮度與肉質。大蒜醬油炸雞則是很有層次，從一開始的微甜到後來在嘴裡釋放開的辣，口感豐富，雖不是連鎖品牌但更顯小店特色。

INFO

🏠 釜山市中區富平洞1街41-21／부산시 중구 부평동1가 41-21（光復路12號街5／광복로12번길5）

📞 070-7372-9945

🕐 14：00～01：00

💲 ￦16000起，大蒜醬油炸雞의성마늘 간장치킨、調味양념치킨、原味후라이드

🚇 地鐵札嘎其站3、5號出口中間巷子直走，第3個路口右手邊就能看到，約5分鐘以內。

📍 B,3

購物 國際市場 ｜ 국제시장 ｜
釜山名物市場代表

INFO

🏠 釜山市中區新昌洞4街一帶／부산시 중구 신창동4가 （國際市場2街一帶／국제시장2길 일대）

🕐 09：30～20：00，每月第1、3個週二、中秋及春節公休

🚇 地鐵札嘎其站7號出口第1個巷口左轉直走即可抵達。

📍 B,2

　　想了解一個地區最道地的風俗民情及飲食習慣，走訪在地的市場是最快的方式。國際市場歷史相當悠久，從50年代韓戰開始後，居民聚集在這一帶交易，漸漸形成現在的市場。這裡曾是韓國交易規模最大的市場，以巷道為中心，連結至富平（罐頭）市場。主要由5條街道組成，聚集了將近上千家店。市場販售的商品種類繁多，從服飾、傢俱、家庭用品以及各種街頭小吃……應有盡有，到這裡逛街吃美食樂趣十足。

街市介紹

★青春之街（청춘의거리）	聚集較多年輕人的服飾、鞋包、化妝品等。
★年輕之街（젊음의거리）	是釜山有名的「二手街」，在這裡有許多二手服飾或復古款式、飾品等。
★阿里郎街（아리랑거리）	許多韓國工藝品、特產、紀念品專賣店，白天入口也聚集許多攤商販售各種小吃。
★萬物之街（만물의거리）	從鞋包帽子、眼鏡、家飾用品、電子產品……各式各樣都有，因此被稱為萬物街。
★照明之街（조명의거리）	聚集各種電器、工具等店鋪。

美食 阿里郎美食街 ｜ 아리랑거리 ｜
韓國特色早午餐

INFO

🏠 釜山市中區新昌洞2街／부산시 중구 신창동2가

🕐 09：00～20：00（售完提早打烊）

🚇 地鐵札嘎其站7號出口直走，經過2個橫向路口左轉即是BIFF廣場前小吃街，再繼續直走即可。

📍 C,3

　　在國際市場中有條阿里郎街，街道上有一整排小吃攤，每個攤子賣的東西大同小異，不外是紫菜飯捲、涼拌冬粉、魚板、血腸、蔥餅……等。坐在路邊品嘗當地特色小吃，用味蕾體驗韓國市場文化，道地又有趣。

美食 昌善洞紅豆冰（粥）街 | 죽、팥빙수골목 |

特色小吃街

在靠近青春之街，幾條流行服飾商店的橫巷內，聚集著一整排都是賣紅豆冰的攤販，叫做「紅豆冰（粥）街」。細碎的刨冰上面鋪滿了紅豆，加上水果和煉乳，口感十足，夏天來上一碗，絕對清涼又消暑。另外也有紅豆粥，煮到熟透幾乎看不到紅豆顆粒，甜鹹兼具。拜《Running Man》所賜，現在這裡更出名了！

INFO

🏠 釜山市中區新昌洞1街／부산시 중구 신창동1가

🕐 09：00～20：00左右（售完提早打烊）

🚇 地鐵札嘎其站7號出口直走，經過3個橫向路口左轉，再4個巷口左轉即可看到。

📍 C,3

美食 富平市場（罐頭市場） | 부평시장（깡통시장）|

白天逛傳統市場、晚上逛夜市

與國際市場僅一街之隔的富平市場，又叫罐頭市場，因韓戰之後美軍進駐，各式商品流入市面，其中以水果、魚類……等各類罐頭為大宗，在此交易而被稱為罐頭市場，這裡販售各種生活雜貨，如果有時間可以仔細探尋。另外到了晚上則是成了夜市，長約110公尺的市場走道中間聚集了各種街頭小吃，有中國、日本、泰國、印尼……等，以銅板價就可吃到世界各國精彩小吃。

INFO

🏠 釜山市中區富平洞2街11-5／부산시 중구 부평동2가11-15（中區路53號街17／중구로53번길 17）

📞 051-243-1128

🕐 10：00～20：00，夜市營業時間19：30～24：00，每週一公休（22：00起陸續打烊）

🚇 地鐵札嘎其站3號出口左轉，直走即可抵達市場入口。夜市位於面對市場招牌左轉，下一條平行方向走道中間流動攤商。

📍 A,2

李家辣炒年糕 | 이가네 떡볶이 |

各大美食節目激推

辣炒年糕是韓國隨處可見的美食，但要讓人一試成主顧、特別難忘的話就得下點功夫了！辣炒年糕的靈魂在於辣椒醬，李家以特製比例加上以蘿蔔取代清水，因此更入味、更香濃順口。炸物也是同樣精采，飯捲、花枝、餃子……各種食材加上麵衣油炸後又是另一種風味。知名節目KBS《VJ特攻隊》、SBS《生活的達人》、《白鐘元的三大天王》……等都曾採訪報導，也難怪總是門庭若市、大排長龍。

INFO

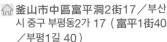

🏠 釜山市中區富平洞2街17／부산시 중구 부평동2가 17（富平1街40／부평1길 40）

📞 051-245-0413

🕐 11：00~18：00（賣完提早打烊）

💲 辣炒年糕떡볶이、黑輪오뎅、炸物튀김3個₩2000

🌐 www.leegane.co.kr（韓）

🚇 地鐵札嘎其站3號出口直走，看到富平罐頭市場招牌後進去第1個路口左轉，位於第1個交叉口右手邊。

📍 A,2

故鄉泡菜鍋 | 고향김치전골 |

人氣爆棚的泡菜鍋專門店

位在南浦洞富平市場附近的這間故鄉泡菜鍋平價且有名，在電視節目《白鐘元的三大天王》採訪過後更受歡迎了。豆腐鍋裡除了泡菜之外，還有麵條、嫩豆腐、年糕、杏鮑菇、洋蔥、三層肉……等。發酵過的泡菜剛入口時，酸味明顯帶點小辣，不擅長吃辣的朋友可搭配白飯一起食用中和辣度，一口接一口地吃下去後，會不自覺愛上這獨特美味。

INFO

🏠 釜山市中區富平洞1街29-15／부산시 중구 부평동1가 29-15（富平2街26／부평2길 26）

📞 051-257-0230

🕐 18：00~24：00

💲 ₩20000~35000，依照尺寸價格不同。

🍽 2人以上

🚇 地鐵札嘎其站3、5號出口巷子直走，經過6個橫向路口右轉。

📍 B,2

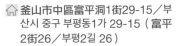

富平洞豬腳街

釜山必食之選

｜부평동 족발거리｜

　　釜山札嘎其站附近有一條街聚集了許多家專賣豬腳的餐廳，就是頗富盛名的「富平洞豬腳街」，其中又以元祖釜山豬腳和漢陽豬腳最有名。

　　漢陽豬腳開業超過30年，只賣豬腳和涼拌豬腳兩種菜色，原味豬腳十分美味，就算直接吃都很夠味！肥而不膩是韓國豬腳特色，厚薄度恰到好處，本身的肥瘦也是黃金比例。而涼拌豬腳配以小黃瓜搭配芥末，是釜山才有的特別吃法。兩家價格大同小異，口味上元祖釜山豬腳更入味；而漢陽豬腳則是較爽口。無論如何，可在競爭激烈的豬腳街上能有一席之地，各家都有其獨到之處。

INFO

- 🏠 釜山市中區富平洞1街35-1／부산시 중구 부평동1가 35-1
- 💲 原味豬腳족발、涼拌豬腳냉채족발 小₩30000、中₩35000、大₩40000
- 🚇 地鐵札嘎其站5號出口出來右轉直走。
- 📍 B,3

INFO

元祖漢陽豬腳／한양족발

- 🏠 釜山市中區富平洞1街35-11／부산시 중구 부평동1가 35-11（光復路13／광복로13）
- 📞 051-246-3039
- 🕐 10：00～01：00
- 🚇 地鐵札嘎其站3、5號出口出來直走，經過2個橫向路口，位於右轉街角。
- 📍 B,3

INFO

元祖釜山豬腳／원조부산족발

- 🏠 釜山市中區富平洞1街35-5／부산시 중구 부평동1가 35-5（光復路17-1／광복로 17-1）
- 📞 051-245-5359
- 🕐 09：00～02：00
- 🌐 http://www.xn--ih3blz73e4rl.kr/（韓）
- 🚇 地鐵札嘎其站3、5號出口出來直走，經過2個橫向路口後右轉，位於漢陽豬腳旁（間隔約3間）。
- 📍 B,3

美食 釜山炭火燒肉 ｜부산숯불갈비｜

肉質鮮嫩美味破表

　　説到韓國美食，烤肉絕對是必嘗的經典料理之一！位在南浦洞市場巷弄內，開業超過30年的老店「釜山炭火燒肉」，以特製醬汁調味而深受日本觀光客喜愛。這家以傳統網燒方式，炭烤後不僅帶著些微焦香，又能帶有肉汁又香又順口。搭配上生菜、蔥絲或辣椒醬，不管怎麼吃，都是味蕾上的享受！

INFO

🏠 釜山市中區新昌洞3街4／부산시 중구 신창동3가4（中區路48號街9／중구로48번길 9）

📞 051-245-5534

🕐 11：00～23：30，中秋及農曆新年休息。

💲 牛肉소불고기₩18000、豬頭肉돼지생목살₩9000

🚇 地鐵札嘎其站7號出口往阿里郎街方向，經過BIFF廣場後，再經過7個橫向路口即是。

📍 C,1

美食 富平市場奶奶油豆腐包

｜할매유부전골｜　**一試難忘的道地韓國味！**

　　這間隱身在富平市場裡低調的小吃店可是赫赫有名，從門口掛著各家電視台採訪報導以及時常客滿的盛況足以證明。乍看跟淡水阿給有點像，卻是不同層次的高深美味。

　　包著滿滿的韓式冬粉、蔬菜及絞肉，一口咬下會感受到淡淡的韓方香氣，魚糕可搭配自製醬料，甜香酸鹹一應俱全。看似清淡的湯頭後座力十足，清甜且爽口！難怪會是歷久不衰的人氣小吃。

INFO

🏠 釜山市中區富平洞1街15-20／부산시 중구 부평동1가 15-20（富平3街29／부평3길 29）

📞 1599-9828

🕐 11：00～19：00

💲 一人份₩4000，油豆腐包유부전골

🍴 可1人用餐

📍 B,2

美食

巨人炸雞 | 거인통닭 |

炸雞界巨人‧釜山必吃

　　到韓國怎麼能錯過炸雞呢？巨人炸雞曾被多家電視台如KBS《生生情報通》、SBS《白鍾元的三大天王》採訪過，口耳相傳成為各國人到釜山都想嘗試的美食。

　　大部份的店家通常選用未達1公斤的肉雞，而巨人炸雞是使用1.3公斤以上的雞，每份的份量更是較一般炸雞店多上1.5倍。一共有3種選擇：原味炸雞、調味炸雞、各半炸雞。原味炸雞有先用秘醬醃製過，不僅保持肉質的鮮味，秘醬更是美味的獨到之處！外皮酥脆且薄，帶點鹹度，保證忍不住一口接一口。而調味炸雞辣、甜、鹹兼具，帶著濃郁的蒜香。因為醬汁關係肉質口感較濕潤，帶點讓人精神為之一振的辣度。各半炸雞極具人氣，可以一次吃到兩種不同口感，也難怪會是讓人排隊也甘願的吮指美味！

INFO

🏠 釜山市中區富平洞2街11-2／부산시중구 부평동2기 11-2（中區路47號街34／중구로47번길 34）

📞 051-246-6079

🕐 12：00～21：00（每週日公休）

💲 原味炸雞후라이드치킨₩16000、調味양념치킨&各半炸雞반반₩17000

🍽 2人以上

🚇 地鐵1號線札嘎其站5號出口，富平市場內步行約10分鐘。

📍 A,1

※用餐提醒：因為是排隊美食名店，建議盡量在非假日或非用餐時間進訪，營業前半小時開放排隊，採取登記制，請向工作人員告知用餐人數，依順序叫號。

95 多大浦海水浴場站

| 沙下區 | 多元休閒聖地 | 다대포해수욕장역 |

釜山廣域市臨海面積很大，總共有7座海水浴場，一年四季都是免費入場的休閒景點。由南到北的海水浴場依序為多大浦、松島、廣安里、海雲台、松亭、日光海水浴場，以及林浪海水浴場。這些海水浴場皆為開放空間，沙灘旁公共便民設施如沖腳池、噴沙槍、廁所及淋浴間。另外政府每年也會規劃夏日戲水時間，提供相關配套措施，讓大家享受戲水樂趣的同時又能兼顧安全性。

玩樂 多大浦 | 다대포 |
自然生態休閒空間

位於一號線起點的多大浦海水浴場旁，附近靠近沒雲台、夕陽公園、乙淑島生態公園等景點，乙淑島不僅可欣賞候鳥，更是釜山賞櫻的好景點。在噴泉廣場還舉行許多表演及遊樂設施。適合孩子探訪與體驗自然的絕佳空間。

INFO

🏠 地鐵1號線多大浦海水浴場站

🚇 地鐵1號線多大浦海水浴場站（95）4號出口直走即可抵達。

玩樂

多大浦夢幻夕陽噴泉（Dadaepo Sunset Fountain of Dream）

| 다대포꿈의 낙조분수 | **好看又好玩的夜間音樂燈光秀**

　　寬廣的白沙灘與夏日青春慶典聞名的多大浦海水浴場內，有個號稱世界最大的「夢幻夕陽噴泉」。

　　釜山首次以不同風格的音樂、彩色燈光照明，搭配水柱形成變化多端的音樂噴泉公演。最高達55公尺的水柱讓人驚艷讚嘆，時而動感、時而抒情，水柱搭配樂聲像是有了不同的生命力，帶給人感官上的新鮮刺激與享受！噴水秀結束後還有體驗噴水活動，不論大人小孩都能攜手走進噴泉中，親身感受水柱衝擊帶來的刺激。特別是炎熱的夏天，不僅好玩還多了股沁涼的樂趣。

INFO

🏠 釜山市沙下區多大洞／부산시 사하구 다대동（沒雲台1街14／볼운대1길 14）

📞 051-220-5893

🕐 每年4～10月底（依季節與天候機動調整），每週一公休

🌐 http://fountain.saha.go.kr（中英日韓）

🚇 地鐵1號線多大浦海水浴場站（95）4號出口直走即可抵達。

音樂噴泉時間表

音樂噴水表演 （每次20分鐘）	春季（4月之後）平日19：30 週末&國定假日：19：30（第1梯次）、20：30（第2梯次）
	夏季（5～8月）平日20：00 週末&國定假日20：00（第1梯次）、21：00（第2梯次）
	秋季（9～10月）平日19：30 週末&國定假日19：30（第1梯次）、20：30（第2梯次）
音樂噴泉體驗 （6梯次，每次20分鐘）	11：00、14：00、15：00、16：00、17：00 ※音樂噴水秀後開放10分鐘噴水體驗，週末僅1次表演後開放體驗

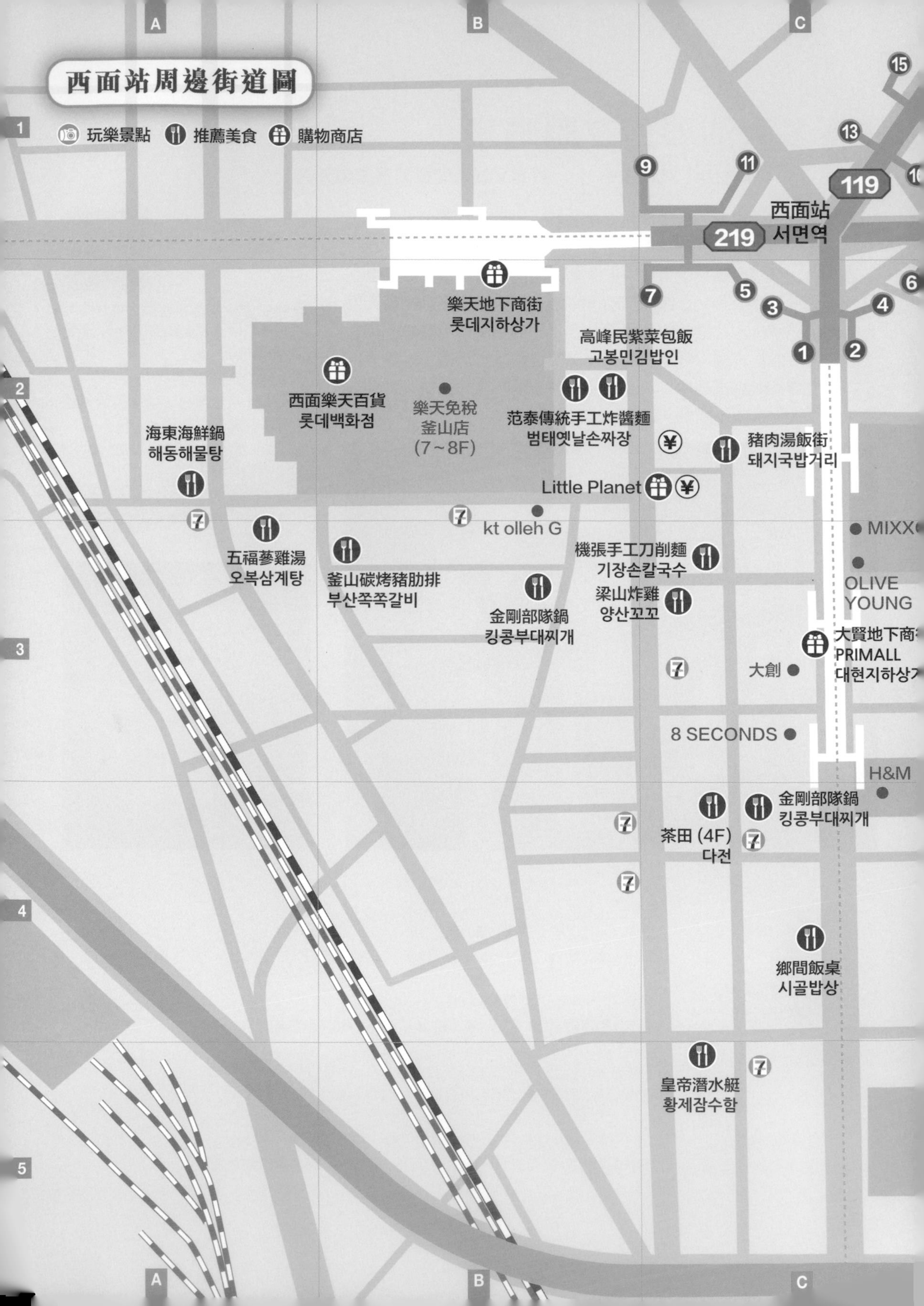

西面站周邊街道圖

🎡 玩樂景點　🍴 推薦美食　🎁 購物商店

樂天地下商街
롯데지하상가

高峰民紫菜包飯
고봉민김밥인

西面樂天百貨
롯데백화점

樂天免稅
釜山店
(7～8F)

范泰傳統手工炸醬麵
범태옛날손짜장

海東海鮮鍋
해동해물탕

豬肉湯飯街
돼지국밥거리

Little Planet

西面站
서면역

119

219

MIXX

OLIVE
YOUNG

大賢地下商
PRIMALL
대현지하상가

機張手工刀削麵
기장손칼국수

kt olleh G

五福蔘雞湯
오복삼계탕

釜山碳烤豬肋排
부산쪽쪽갈비

梁山炸雞
양산꼬꼬

金剛部隊鍋
킹콩부대찌개

大創

8 SECONDS

H&M

金剛部隊鍋
킹콩부대찌개

茶田 (4F)
다전

鄉間飯桌
시골밥상

皇帝潛水艇
황제잠수함

D | E | F

1

西面地下商街
서면지하상가

⑦

● H&M

● NC百貨

2

西面藝術自由市集
ARTFLEAMARKET
아트프리마켓

田浦洞咖啡街（入口）
전포동카페거리

● ZARA

派出所
⊗

我爐
아로

U:DALLY
카페유달리

Object思物
오브젝트

田浦洞咖啡街
전포동카페거리

Bakers'

⑦

JUDIESFashionMall
太和百貨（新館）

JUDIESFashionMall
太和百貨（本館）

Ⓜ

軟雲堂（田浦洞咖啡街店）
연운당（전포카페거리점）

3

⑦

⑦

⑦

7

8

捕盜廳烤肉
포도청 돼지갈비

⑦

MOLLE CAFE
몰레

5

6

Martin caffee
roasters

218

田浦站
전포역

4

3

4

1

2

保文庫

N

5

119 | 219 西面站

釜山鎮區 | 釜山最大購物區 | 서면역 |

位在地鐵1、2號線交會的西面站交通方便，可說是釜山最精華的地段，和南浦洞、釜山大學並列為三大購物區。

這裡有樂天百貨、免稅店、大型購物商場、平價地下街、各式商店、道地美食，著名的豬肉湯飯一條街、手工刀削麵、布帳馬車……應有盡有，這裡絕對能滿足美食與購物慾。

 購物

西面三大地下街

流行時尚血拼指標

　　橫穿西面商圈的西面地下街，是釜山歷史悠久的地下街之一，購物精華地帶。

　　西面地下街的特色在於同時聚集了品牌專賣與平價服飾。地面下錯綜複雜容易讓人搞不清楚，跟著指標走較能確保不迷路。這裡細分可分成西面地下街、大賢地下街以及樂天地下商街，前兩者也有些微差異：西面地下街（往釜田站方向）年齡層較高商品為主；大賢地下街（往凡內谷站方向）與樂天地下商街則是偏年輕的服飾、化妝品、包包、飾品、鞋子……等從頭到腳各種流行時尚都有，地上地下通通都能買個過癮！

INFO

⌂ 西面地下街：西面站12或15號出口方向。

大賢地下商街PRIMALL（대현지하상가）：西面站1、2號出口方向。

樂天地下商街（롯데지하상가）：7、9號出口往樂天百貨方向。

☎ 051-713-8261

🕐 10：30～22：00（地下街商店每月第二個週一公休）

📍 C,1

※ 2017年開始，原大賢地下商街PRIMALL（대현지하상가）更名為「西面購物中心 Seomyeon Mall」；西面地下商街更名為「釜田購物中心Bujeon Mall」。

玩樂 ## 西面樂天百貨 | 롯데백화점 |

要買要玩都可以

樂天釜山總店有樂天百貨與樂天免稅店，百貨公司內有樂天影城、樂天飯店、美食街、名品街和地下商街等多樣設施，是結合購物、娛樂與休閒的綜合生活空間。

而很受少女喜愛的KAKAO FRIENDS在七樓有門市，免稅店位於七、八樓。在百貨與免稅店購物的差別在於免稅優惠，且以美金計價，如果匯率漂亮的話還有價差，喜歡購物的朋友出手前可精打細算看看。

INFO

釜山總店／부산본점

🏠 釜山市釜山鎮區釜田洞 503-15／부산시 부산진구 부전동 503-15（伽倻大路772／가야대로 772）

📞 051-810-2500

🕙 10：30～20：00（每月1～2次週一公休，視情況調整）

🌐 http://store.lotteshopping.com（中韓日英）

🚇 地鐵西面站7號出口方向，地下街與百貨公司地下入口相連。

📍 B,2

 美食 ## 高峰民紫菜包飯 | 고봉민김밥인 |

隨身帶著走的銅板美食

高峰民飯捲也是連鎖品牌，除了飯捲外，還有辣炒年糕、餃子、湯麵……選擇多樣。食材新鮮，都是現點現做。紫菜飯捲用紫蘇葉取代小黃瓜，加上多種蔬菜，濃郁的麻油香清爽好入口，非常開胃，有時趕時間的話，真的是可隨身帶著走享受的在地平民美食。

INFO

釜山樂天店／부산롯데점

🏠 釜山市釜山鎮區釜田洞502-6／부산시 부산진구 부전동 502-6（伽 大路784號街15-1／가야대로784번길 15-1）

📞 051-807-8222

🕙 09:00～21:00

🌐 kobongmin.com

🚇 地鐵西面站7號出口第1個巷口右轉，CU對面

※ 原「高峰飯捲」已歇業

達人帶路

豬肉湯飯街
| 돼지국밥거리 |

釜山特色在地好味

豬肉湯飯是釜山特色美食，在市中心西面站旁的豬肉湯飯街聚集了多家豬肉湯飯店，每家的口味和配菜各有千秋，能夠在競爭激烈的美食市場上立足，相信都有獨到之處。

在韓國大部份吃到的湯飯都是牛肉湯飯，而釜山因習慣關係喜歡用豬大骨熬湯，

在西面的湯飯街中，資歷最深的是浦項豬肉湯飯포항돼지국밥（始於 1941 年）、其次是松亭三代豬肉湯飯송정 3 대국밥（始於 1946 年）和慶州朴家豬肉湯飯경주박가국밥（始於 1954 年），各家各有擁護者。

這幾家約略比較值：湯頭清爽度與豬肉肥瘦比（瘦肉比例）：松亭三代 > 慶州朴家 > 浦項。如果較介意豬肉的氣味，建議從松亭三代或密陽加山入手，密陽加山價格略高。

決定豬肉湯飯美味的關鍵就在於肉湯，以多種豬肉、大骨細火慢熬製成乳白色肉湯，幾片薄薄的豬肉，經過長時間燉煮後讓味道完全滲入湯中，湯底濃郁。剛上桌時只有蔥花點綴湯頭是沒有任何調味的，附上幾碟小菜、嫩韭菜、蝦醬以及鹽巴，再依個人喜好調整鹹度，加了蝦醬之後香氣與鹹度會大大提升，更加夠味！

INFO

豬肉湯飯街

🕐 24小時營業，全年無休（中秋節、農曆新年除外）

💲 豬肉湯飯돼지국밥、內臟湯飯내장국밥、血腸湯飯순대국밥、綜合湯飯섞어국밥（豬肉&內臟）約₩6000起，白切肉수육 ₩18000起

🚇 地鐵西面站1號出口出來後直走，右手邊第1條巷子進去，看到Y字路口後左轉就是豬肉湯飯街。

📍 C,2

浦項豬肉湯飯 / 포항돼지국밥

📞 051-807-5439

慶州朴家湯飯 / 경주박가국밥

📞 051-806-2706

松亭三代湯飯 / 송정3대국밥

📞 051-806-7181

密陽加山豬肉湯飯 / 밀양가산돼지국밥

📞 051-808-6548

美食 機張手工刀削麵 | 기장손칼국수 |

《Tasty Road食神之路》推薦在地美食

　　觀光客普遍都知道釜山有條赫赫有名的豬肉湯飯街，但其實在人潮絡繹不絕的各家湯飯店對面，也有幾家刀削麵，各有擁護者，是在地人的心頭好。

　　機張手工刀削麵同樣是位在市場中的老字號麵店，就在松亭三代湯飯斜對面。簡約的用餐環境雖然稱不上寬敞舒適，但麵條都是現場新鮮手作，Q彈有勁帶點麵香，湯頭清淡爽口，份量十足。熱騰騰吃上一碗，再來點泡菜和醃蘿蔔，就是韓國道地的日常。餐點樸實簡單但翻桌率超高，用餐的多半是當地人，不想吃辣的時候，絕對是老少咸宜的好選擇。

INFO

🏠 釜山市釜山鎮區釜田洞 256-6／부산시 부산진구 부전동 256-6（西面路56／서면로 56）

📞 051-806-6832

🕐 09：00～22：00（中秋、農曆新年公休）

💲 刀削湯麵손칼국수、刀削乾拌麵비빔손칼국수、冷麵냉칼국수皆₩4500、紫菜飯捲김밥₩1500

🚇 地鐵西面站1號出口第1巷口右轉再左轉即是豬肉湯飯街，位在松亭三代湯飯斜對面。

📍 C,3

美食 梁山炸雞 | 양산꼬꼬 |

韓式傳統炸雞老店

　　1970年就開設的老字號炸雞店，比較傳統口味，雖然沒有連鎖品牌名氣響亮，絕對是到釜山不要錯過的美食名單之一。傳統酥皮炸雞外層的麵衣厚重，雞肉咬起來特別扎實；而調味炸雞雖然帶點辣度，靠醃蘿蔔轉換一下味道，又能繼續一口接一口，建議點半半炸雞，兩種口味交替著吃特別過癮！

INFO

🏠 釜山市釜山鎮區釜田洞242-20／부산시 부산진구 부전동 242-20（西面路52／서면로 52）

📞 051-806-3805

🕐 24小時

💲 ₩15000起，調味양념치킨、脆皮후라이드치킨、半半炸雞반반치킨

🚇 地鐵西面站7號出口直走經過2個路口後左轉，在右手邊。

📍 C,3

范泰傳統手工炸醬麵

| 범태옛날손짜장 | **知名平價中華料理**

位在西面樂天百貨旁邊巷弄裡的傳統手工炸醬麵是知名的中華料理店，門口的廚房即是料理台，麵條與餃子皮當場製作，除了炸醬麵之外，還有炸醬飯、蒸餃、炒碼麵、糖醋肉……等。黑嚕嚕的甜麵醬，質地濃稠攪拌均勻沾附醬料，入口後是甜而不膩的醇厚及香滑，難怪會是讓人想念的韓國味！

INFO

🏠 釜山市釜山鎮區釜田洞502-21／부산시 부산진구 부전동 502 21（伽倻大路784號街15／가야대로784번길 15）

📞 051-809-8823

🕐 11：30～22：00

💲 炸醬麵짜장면（小）₩3500、炒碼麵짬뽕（小）₩5000。

🚇 地鐵西面站7號出口對面巷內（面對樂天百貨正門左手邊巷內十字路口）

📍 B,2

五福蔘雞湯　| 오복삼계탕 |

豪奢鮑魚蔘雞湯

到韓國除了烤肉、炸雞之外，還少不了蔘雞湯，位在釜山西面樂天百貨後方的五福蔘雞湯，招牌鮑魚蔘雞湯相當有名，是不少日本、台灣外國旅人到釜山必吃的料理。一大顆鮮嫩鮑魚，配上燉煮到軟嫩，輕輕一推即化開的雞肉，可依照個人喜好酌量搭配鹽或胡椒粉調味。蔘雞湯口味較清淡，但香氣不減，是不少旅客每次必訪念念不忘的好味道。

INFO

🏠 釜山市釜山鎮區釜田洞515-63／부산시 부산진구 부전동 515-63（釜田路66號街8／부전로66번길8）

📞 051-802-6265

🕐 07：00～23：00

💲 ₩16000～ 20000，最熱門的產品為鮑魚蔘雞湯₩20000

🚇 地鐵西面站7號出口對面第2個巷子右轉，樂天百貨後方（釜山碳烤豬肋排附近）。

📍 A,3

※ 有中文菜單

美食 釜山碳烤豬肋排 | 부산쪽쪽갈비 |

形象放一邊的吮指美味

　　西面有家有名的烤肋排，開門沒多久就會客滿可見受歡迎程度。這裡的招牌就是烤豬肋排，分醬烤和鹽烤，店員會先烤好再上桌，香氣逼人！這時候就把形象跟矜持通通拋開，戴上隔熱手套，直接拿起來啃就對啦！豬肋排不僅入味且非常有咬勁，用手抓起來吃超過癮，是不少旅客不斷回訪的美食名店。

INFO

🏠 釜山市釜山鎮區釜田2洞 516-68／부산시 부산진구 부전2동516-68（中央大路691號街32／중앙대로691번가길 32）

📞 051-816-8803　🕐 17：00～02：00

💲 每份皆₩8000，BBQ醬烤肋排巴貝斗、原味鹽烤生金구이（不辣純한맛、中辣중간맛、辣味매운맛）

🍳 每份餐點須點3份以上。可1人用餐，須點2份以上

🚇 地鐵西面站7號出口對面第2個巷子右轉，樂天百貨後方。

📍 B,3

美食 海東海鮮鍋 | 해동해물탕 |

厲害平價海鮮鍋

　　釜山是港口城市，最不缺的就是海鮮，若想要兼具新鮮、平價、方便，不妨考慮位在西面樂天百貨後方的「海東海鮮鍋」。招牌海鮮鍋內有滿滿的大扇貝、蛤蜊、花枝、螃蟹、九孔、魚片……各種海鮮。海鮮湯底非常鮮甜。老闆娘會替客人剪切食材，方便食用。大快朵頤一番還不到台幣一千塊，相當超值！

INFO

🏠 釜山市釜山鎮區釜田洞512-25／부산시 부산진구 부전동 512-25（釜田路65號街4／부전로65번길4）

📞 051-819-8389

🕐 10：00～22：00

💲 海鮮湯해물탕₩27000起、辣炒章魚낙지볶음₩6000

🍳 2人以上

🚇 地鐵西面站7號出口，往左邊樂天百貨方向，樂天百貨斜對面即為海東海鮮鍋。

📍 A,2

美食 鄉間飯桌 ｜시골밥상｜

小菜滿桌的韓式傳統味

韓定食又叫韓式套餐，以前是宮廷料理，後來演變成味道極佳韓式美食代表。各式小菜擺滿桌面，主菜以蒸、烤、燙、拌烹調，材料、調味、配色無不講究，視覺美感與味覺都兼具。而鄉間飯桌以家常口味，各式小菜到主菜樣樣順口，捨棄哪樣都不甘心。

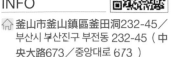

INFO

🏠 釜山市釜山鎮區釜田洞232-45／부산시 부산진구 부전동 232-45（中央大路673／중앙대로673）

📞 051-806-8889

🕐 11：00～21：30（中秋節、農曆春節公休）

💲 基本鄉村飯기본시골밥상₩8000、菜包肉보쌈밥상₩10000、燉牛排骨갈비찜밥상₩13000

🍽 須2人以上用餐

🚇 地鐵西面站1號出口直走，經過4個路口後就在右手邊。

📍 C,4

美食 茶田 ｜다전｜

韓式傳統茶屋

茶田是一家提供各種韓方傳統茶飲以及素食餐飲的特別空間，環境鄉村中帶點家庭風。如果吃膩了餐餐都是魚肉，或者想換換口味，這裡有多款素食套餐像是素牛排、素炸雞等，夏季則有特色冰淇淋。有別於連鎖咖啡店的喧囂，可以在這裡細細品味韓風茶點以及寧靜時光。

INFO

🏠 釜山市釜山鎮區釜田2洞240-12，4樓／부산시 부산진구 부전2동 240-12，4층（新川大路62號街61／신천대로62번길 61）

📞 051-808-6363

🕐 12：00～22：00，每週日公休

💲 ₩5000～12000之間

🍽 可1人用餐

🚇 地鐵西面站1號出口直走，經過3個路口後右轉，第1個路口再左轉，位在右手邊4樓。

📍 C,4

美食 **金剛部隊鍋** | 킹콩부대찌개 |

讓你重拾部隊鍋信心

　　韓國飲食普遍不錯，但偶爾可能因為飲食習慣的差異，與期待有所落差，我曾不小心踩到部隊鍋的雷。所幸連鎖品牌金剛部隊鍋算是模範生，基本款湯底會有一點點辣但尚可接受，有畫龍點睛的香氣，用料豐富，有空心粉、年糕、火腿、洋蔥、泡菜……等。湯頭鹹度恰到好處。火鍋料吸附湯之後更加入味，重點是飯、麵讓你吃到飽。如果你至今還沒吃過好吃的部隊鍋，金剛是你不錯的選擇。

INFO

西面樂天店
／서면롯데점

🏠 釜山市釜山鎮區釜田洞519-2／부산시 부산진구 부전동 519-2（伽倻大路784號街46-1／가야대로 784번길 46-1）

📞 051-804-8582

🕙 10：00～24：00

💲 金剛部隊鍋킹콩부대찌개 ₩8000、白湯部隊鍋（不辣）나가사끼부대찌개 ₩7000

💬 可1人用餐（1人份），湯飯麵可續，1人無法追加麵條

🌐 www.kingkongbudae.co.kr（韓）

🚌 西面有2間，西面1號店從豬肉湯飯街再往前2個路口在左手邊。地鐵西面站7號出口直走，看到第1個巷子右轉接著左轉即是西面樂天店。

📍 B,3

 美食 **皇帝潛水艇** | 황제잠수함 |

超豪華霸氣海鮮總匯

　　到釜山不能錯過的當然就是新鮮又肥美的海味了！在西面赫赫有名的海鮮料理「皇帝潛水艇」讓你可以一次吃到多樣海鮮！

　　超霸氣的龍蝦登場當然讓人驚呼連連！鮑魚上桌時還是活生生的呢！除了各種海鮮之外還錦上添花地加上一隻雞，完全就是海陸全餐的概念。接著工作人員提供桌邊服務，將雞肉以及各種海鮮剪成適合入口的大小。充滿海味的湯頭帶點胡椒香且非常鮮甜，如果不想浪費湯底可加點刀削麵做完美的Ending。

INFO

西面本店／서면본점

🏠 釜山市釜山鎮區釜田洞534-1／부산시 부산진구 부전동 534-1（西面路16／서면로 16）

📞 051-816-0025

🕙 12：00～06：00

💲 有中文菜單，₩42000～₩55000無龍蝦，適合2人左右，₩80000起有龍蝦，適合4人以上

🌐 http://www.황제잠수함.com/（韓）

🚌 地鐵西面站1號出口直走，經過5個橫向路口後右轉，第1個十字路口左手邊。

📍 C,5

美食 我爐 | 아로 |

一個人的炭火肉香

位在個性咖啡店林立的田浦洞內，外觀看似咖啡或酒吧，其實是融合日韓特色的烤肉定食。主餐是不同部位的肉品，可加價升級成套餐，於是有肉、飯、菜，一人獨享的炭火烤爐份量雖不多，然而小巧精緻，不需喧嘩當佐料下飯，單獨一人的美食內心戲也能別具滋味！

圖片提供：Wong Miya

INFO

🏠 釜山市釜山鎮區田浦洞680-8／부산시 부산진구 전포동 680-8（西田路38號街43-13／서전로38번길 43-13）

📞 010-9329-0823

🕐 11：30～02：00

💲 ₩10000起，升級套餐加價₩3000，豬頰肉가브리살、豬頸肉항정살，套餐含白飯、小菜及湯

🍽 可1人用餐，須點2份

🚃 地鐵西面站2號出口往田浦洞咖啡街方向，或田浦站7號出口直走經過2個路口後左轉，再經過2個路口後左轉。

📍 F,2

美食 捕盜廳烤肉 | 포도청 돼지갈비 |

跟著在地人吃就對了！

捕盜廳是朝鮮時期為了逮捕盜賊和犯人而設置的官府，類似現在的警察局，名字跟門口的裝置設計話題十足！這裡牛肉豬肉各種部位都有，價格也合理。一走進店裡就能感受瀰漫的烤肉香氣、大口咬下就能體驗到韓式烤肉的獨特魅力！想要找吃得飽價格又合理的烤肉店跟著在地人的腳步準沒錯！

圖片提供：黃柏凱

INFO

🏠 釜山市釜山鎮區釜田洞198-11／부산시 부산진구 부전2동 198-11（新川大路50號街11-7／신천대로 번길11-7）

📞 051-806-9797

🕐 11:00～00:30

💲 ₩7500～₩13000，有中、英文菜單

🍽 可1人用餐，須點2份

🚃 地鐵西面站2號出口直走，經過3條橫巷後左轉接著第1個路口右轉，看到GS25後左轉位於右手邊。

📍 D,4

JUDIES Fashion Mall 太和百貨

| 쥬디스 태화백화점 | **打造韓劇女主角般的流行時尚**

JUDIES幾乎貫穿西面半個地底，有很多個出口與地下街通道相連。這裡匯集了很多女性時裝品牌、質感小物，偏設計風格。價位比地下街稍高。喜歡逛街不怕鐵腿的朋友，可以從地下街步行過來，盡情購物逛個徹底！

INFO

🏠 釜山市釜山鎮區釜田洞192-2／
부산시 부산진구 부전동 192-2（中央大路694／중앙대로 694）

📞 051-667-7000

🕙 10：30〜22：30

🌐 http://fashionmall.alltheway.kr/（韓）

🚃 地鐵西面站2號出口直走過2個路口後左轉，第1個十字路口右轉，或從2號出口大賢地下街方向可達。

📍 D,3

Little Planet 行李飄帶

為旅行別上專屬回憶

在豬肉湯飯街附近還有個特色小店「Little Planet」，小小的店內牆上掛著滿滿的行李飄帶，可依個人喜好挑選尺寸、顏色、款式。除了飄帶之外還有各式布標及貼紙，另外還提供行李寄放服務。到釜山旅行，想帶點特別且有意義的小禮物當作紀念或送人，客製化的行李飄帶是不錯的選擇唷！

INFO

🏠 釜山市釜山鎮區釜田洞256-8／
부산시 부산진구 부전동 256-8

📞 010-9239-2817

🕙 09：00〜20：30

💲 有S、M、L不同尺寸，最小₩7000，另加色標₩1000起

🚃 地鐵西面站7號出口直走，經過2條橫巷後左轉，位於娜英換錢所旁(나영환전소)

※ L（15個字母）、M（10個字母）、S（10個字母）製作時間約3小時〜2天不等，需提早向店家預訂。

📍 C,2

西面藝術自由市集 （ART FLEAMARKET）

玩樂

| 아트프리 마켓 |　**假日限定！手作‧文青風**

　　位在首爾弘益大學旁的「自由市場」讓假日的公園都熱鬧繽紛起來！由藝術創作者透過與消費者直接互動讓創作更具意義，在這販售手工的特色作品。

　　在這裡擺攤的模式跟弘大一樣都須事先申請，且產品限定是手工類、設計商品或工藝品等藝術創作為主，像是女孩子喜歡的戒指、項鍊、髮圈……等，都能在這裡可以找到極具特色的配件！

　　走訪時看到最特別的應該就是曾經因韓劇《繼承者們》而紅極一時的「捕夢網」了。民間流傳著它有「好運進，壞運出」的作用，祈求平安並帶來好運，驅除噩夢讓人充滿正能量。有機會到釜山時也來看看可以有什麼特別收穫吧！轉角巷子走過去就是田浦洞咖啡街，假日的午後可以輕鬆品嘗咖啡、逛市集。

INFO

🏠 每週五、六、日 12：00～18：00

🚇 地鐵西面站2號出口經過2個路口看到OLIVE YOUNG左轉，再經過橫向4個路口，即田浦洞咖啡街招牌左轉。或從地鐵田浦站7號出口經過2個路口後左轉。

📍 E,2

達人帶路

田浦洞咖啡街

| 전포동카페거리 |

咖啡＋無所事事的下午＝最美風景

2017年曾被紐約時報列為必訪的城市之一就是釜山，揉合新元素重新詮釋傳統文化，發展出既現代又經典的氣息。說到傳統與現代，那就不能不提到田浦洞咖啡街了。

位在釜山鬧區旁靜謐的咖啡街，這裡原本是五金行聚集的街巷，從2010年開始咖啡廳和餐廳一家接著一家開，才有了現在的規模。韓國人愛喝咖啡是眾所皆知的，咖啡店三步一家五步一店，而田浦洞咖啡街有別於連鎖咖啡品牌的一致性，在這裡可以看到許多獨具特色的咖啡廳，爭奇鬥艷地向人們展現最美的姿態。旅行或許總是匆忙地趕行程，一杯咖啡搭配隨興的下午，也能是最美的風景。

INFO

田浦洞咖啡街

 釜山市釜山鎮區田浦洞682 ／부산시 부산진구 전포동 682（田浦大路209號街26／전포대로209번길 26）

 地鐵西面站2號出口經過2個路口看到OLIVE YOUNG左轉，再經過橫向4個路口即可抵達。或從地鐵田浦站7號出口經過2個路口後左轉。

📍 E,3

INFO

軟雲堂（田浦洞咖啡街店）／연운당（전포카페거리점）

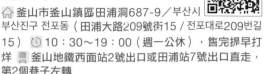

🏠 釜山市釜山鎮區田浦洞687-12／부신시 부산진구 전포동 687-12（西田路46號街62-8／서전로46번길 62-8）
📞 051-804-2026 🕐 12：00～22：00（假日偶爾至18：00）🌐 http://www.yeonwoondang.com/ 🚃地鐵田浦站7號出口直走，第1個橫巷左轉再右轉，再於第1個橫巷左轉。💲 ₩8,900起，有南瓜、抹茶、蕃茄、奇異果，提拉米蘇多種口味。

INFO

Bakers' ／베이커스

🏠 釜山市釜山鎮區田浦洞687-9／부산시 부산진구 전포동（田浦大路209號街15／전포대로209번길15）🕐 10：30～19：00（週一公休），售完揲早打烊 🚃 釜山地鐵西面站2號出口或田浦站7號出口直走，第2個巷子左轉

INFO

U:DALLY（西面店）／카페유달리（서면점）

🏠 釜山市釜山鎮區田浦1洞677-16／부산시 부산진구 전포1동 677-16（田浦大路209號街22／전포대로209번길 22）📞 051-804-2470 🕐 10：00～23：00 💲 ₩4300～6500 🍽 可1人用餐 🌐 http://u-dally.co.kr/default/ 🚃 地鐵西面站2號出口經過兩個路口看到OLIVE YOUNG左轉，再經過橫向6個路口左手邊「東京刨冰」旁。或從地鐵田浦站7號出口經過2個路口後左轉直走，第2個橫向路口右轉。📍 F,3

INFO

Object 思物（西面店）／오브젝트（서면점）

🏠 釜山市釜山鎮區田浦洞687-8／부산시 부산진구 전포동 687-8（田浦大路209號街11／전포대로209번길 11）📞 070-8813-6614 🕐 11：00～22：00 🌐 www.objectlifelab.com 🌐 https://www.facebook.com/pg/insideobject 🚃 地鐵西面站2號出口經過兩個路口看到OLIVE YOUNG左轉，再經過橫向6個路口左手邊即可看到「東京刨冰」，再往前走位於右手邊。或從地鐵田浦站7號出口經過2個路口後左轉直走，位於7-11旁。📍 F,3

MOLLE CAFE ｜몰레｜

美食

超人氣！少女們無法抗拒的彩虹蛋糕

　　位在西面鬧區的MOLLE可是超人氣咖啡廳之一，更是不少遊客指定朝聖的景點。以低調湖水綠搭配白色為主調，現代又簡潔、舒服且明亮。MOLLE的特色產品就是彩虹蛋糕，外表華麗口感綿密扎實，難怪能輕易擄獲少女心，就連《超人回來了》的雙胞胎都曾大大讚賞。

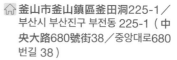

INFO

西面店／서면점

🏠 釜山市釜山鎮區釜田洞225-1／부산시 부산진구 부전동 225-1（中央大路680號街38／중앙대로680번길 38）

📞 051-807-2272

🕐 13：00～22：30（週五&六至23：00），第2、第4週的週一公休

💲 彩虹蛋糕₩8000，咖啡可加價購變成「立體拉花咖啡」，兩款選擇：貓咪₩3000、手掌₩2000。

🍽 可1人用餐，無時間限制。

🚇 地鐵西面站2號出口經過4個橫向路口左轉，經過2個路口後會看到左手邊有CU超商，就在斜對面。

📍 D,4

Martin caffee roasters

美食

文青感！低調氣質美

　　田浦洞咖啡街各家店各有特色，有的粉紅夢幻、有的簡約有型，而這家則是現代文青風格。店裡的每個角落都自成一格，咖啡品項雖不多但手法講究，值得花上一點時間細細品味。特別的是店內不提供無線網路，概念就是希望客人放下3C，好好享受和咖啡獨處的時間！

INFO

🏠 釜山市釜山鎮區釜田洞224-39，2樓／부산 부산진구 부전동 224-39，2층（釜田路49／동천로49，2층）

📞 051-806-2272

🕐 12：00～22：30

💲 ₩4000～6000之間，最熱門的產品為手沖咖啡핸드드립 커피₩6000

🚇 地鐵西面站2號出口經過4個橫向路口左轉，經過2個路口後直走到大馬路口右轉，從多Mart（더마트）旁斜坡上去右轉即是入口。

📍 E,4

首爾有弘大梨大商圈，那麼釜山也有釜山大學商圈，有學生在的地方總是能充滿熱情活力！從釜山大站到釜山大學周邊的大街小巷，盡是各種潮流服飾、美妝飾品、文具店、咖啡與餐廳……等。學生商圈與其他地區相較，最大的差異就是消費方式較平價，價格也親切不少。

 CAFÉ BANDITREE

｜ 카페반디나무 ｜　**連鎖現打果汁專賣店**

複合式飲品專賣店，這裡的飲料強調新鮮水果現打，最受歡迎的莫過於期間限定的「草莓牛奶」。也因為季節變化，而推出季節性飲料冰品，隨手可攜的造型隨身瓶方便又美觀，每當有新品推出總能在IG掀起話題。

INFO

⌂ 釜山市金井區長箭洞414-11／부산시 금정구 장전동 414-11（溫泉場路63／온천천로 63）

🕐 10：00～24：00

🚇 地鐵釜山大學站3號出口右前方。

 美食 # 即食辣炒年糕 | 신나는 즉석 떡볶이 |

一鍋二食・道地韓國味

辣炒年糕是韓國代表性國民美食，當作點心、配菜、主餐都很適合。如果喜歡首爾三清洞「吃休錢走」的美味，到釜山也可以試試這家位在釜山大學附近的平價餐館。

韓式辣炒年糕做法不是用油炒，而是放入調料醬和水，以小火慢慢地烹煮而成。即食辣炒年糕延續這樣做法，將所有食材放進鍋中讓客人自己拌炒，享受美食DIY的樂趣。鍋中內容有多款年糕、魚板、蔬菜、韓式冬粉……，湯底可依個人口味調整辣度，不敢吃辣的話點基本鍋就好。辣炒年糕加火鍋的組合，有別於收乾的做法，帶有高湯的辣炒年糕味道更出色。

INFO

🏠 釜山市金井區長箭洞292-3／부산시 금정구 장전동 292-3（金井路68號街30／금정로68번길 30）

📞 051-513-1236

🕐 11：30～22：30（假日10：30開始營業）

💲 辣炒年糕鍋₩10000、紫蘇葉年糕깻잎떡볶이₩11000不辣안매운、小辣보통맛、中辣매운맛、大辣아주매운

🍽 可1人用餐，須點2人份₩10000

🚇 地鐵釜山大學站3號出口出口直走，過1條小巷子左手邊地下室。

 購物 # 釜山大學前保稅街 | 부산대앞보세거리 |

不能錯過的購物熱點

「保稅」是指未辦理納稅入境，在境內加工後外銷的商品，免去關稅成本價格當然相對較低，後來多家店家聚集，形成了保稅街現有規模。步出地鐵即是各種小店巷弄，再往大學方向有較多韓國本土及國際品牌，以及文具用品店、早餐店、小吃店等。這裡應是喜歡逛街的朋友不能錯過的熱門購物點。

INFO

🏠 釜山市金井區長箭洞／부산시 금정구 장전동（長箭路／금정로）

🚇 地鐵釜山大學站3號出口前

Croce94 ｜크로체94｜

複合式咖啡廳、潛力打卡景點

釜山大學附近咖啡店林立競爭激烈，而這家獨棟咖啡館前身是「J SQUARE」，之後改名為「Croce94」。走的是精緻高雅路線，在一片連鎖咖啡品牌中特別顯眼。內部裝潢雅致舒適，除了各式咖啡外還有不少浪漫的法式甜點，有機會到這不妨用繽紛的甜點與咖啡優閒度過下午吧！

INFO

🏠 釜山市金井區長箭洞391-3／부산시 금정구 장전동 391-3（금정로94／金井路94）

📞 051-515-2694

🕙 10：00～22：00

🚇 地鐵釜山大學站3號出口直走看到星巴克右轉，過2條橫向路口，位於新村金庫（새마을금고）對面

釜山大前吐司街巷 ｜토스트골목길｜

活力的一天從這裡開始

傳統韓式早餐大多以米飯為主，近年來隨著外食普及，西式早餐越來越多，面對釜山大學正門左手邊聚集了好幾家早餐店。韓國的吐司會先抹上特製醬接著和食材一起放在鐵板上煎烤，再搭配上生菜、醃黃瓜、沙拉醬等，選擇多樣份量十足，偶爾換換口味體驗韓式三明治，吃飽喝足就能開始逛街去！

INFO

🏠 釜山市金井區長箭洞419一帶／부산시 금정구 장전동 419일대（釜山大學路64／부산대학로64）

💲 ₩2500～3500左右，起士치즈、烤肉불고기、烤排불갈비、年糕烤排떡갈비、鮪魚참치、培根베이컨、火腿햄、總匯마카다、Special 스페셜

🚇 地鐵釜山大學站3號出口右轉，於第1個路口右轉後，直走到底左轉。

美食 名物吐司 | 명물토스트 |

大人氣韓式早餐

吐司店是大學旁的平價美食，名物吐司不只用料實在，又以三層吐司大受學生好評而有不少媒體採訪。三層烤吐司用料豪邁：高麗菜絲、酸黃瓜、煎蛋……加上個人喜歡的配料，一份豐盛的吐司再加上一杯新鮮現打果汁，就是韓式Style早餐！

INFO

🏠 釜山市金井區長箭洞400-61／부산시 금정구 장전동 400-61（釜山大學路63／부산대학로63）

🕐 08：00～22：00

💲 ₩2500～3500之間

🚌 地鐵釜山大學站1號出口直走到底（約5個橫向路口），右轉就是釜山大學前吐司街巷，繼續直走到釜山大學校門口前轉角粉紅色招牌即是名物吐司。

美食 豚大將 | 돼지 대장 |

經濟實惠、物超所值

釜山大學前面這條巷子都是烤肉店，選擇多到讓人眼花撩亂，「豚大將」以實惠的價格及超值的內容受學生喜愛，提供乾式熟成的厚實三層肉、豬頸肉等，除了肉品之外還有沙拉自助吧無限享用，不只價格超經濟，而且絕對能吃飽！

INFO

🏠 釜山市金井區長箭洞418-8 ／부산시 금정구 장전동 418-8（釜山大學路50號街33／부산대학로50번길 33）

📞 051-514-5558

🕐 11：30～02：00

💲 三層肉삼겹살、梅花肉목살₩3500起、調味排骨양념갈비₩5500

🍽 可1人用餐，須點3份以上

🚌 地鐵釜山大學站3號出口直走到底後右轉，遇到第1個大馬路口左轉，下1個橫向路口右轉直走到底，在左手邊。

NC百貨 | 엔씨백화점 |
韓式潮流即時掌握！

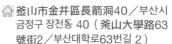

NC百貨是由韓國最大時裝集團—衣戀（ELAND）所經營的大型百貨店。目前釜山共有三家分店：西面、釜山大、海雲台分店。除了有國際知名品牌，另外也提供本土品牌旗下 SPAO、MIXXO、WHO A.U、TEENIE WEENIE……等，全館約有 8 成自有品牌，從食衣、娛樂、休閒全部包辦，因此更能掌握流行趨勢，價格更符合消費者需求。

INFO

釜山大店／부산대점

🏠 釜山市金井區長箭洞40／부산시 금정구 장전동 40（笨山大學路63號街2／부산대학로63번길 2）

📞 051-509-7000

🕙 10：30～22：00

🚇 地鐵釜山大學站3號 出口往釜山大學方向，就在面對釜山大學右手邊。

INFO

Modern House

以溫馨精緻且富設計性的產品廣受好評。範圍包括傢俱、家飾、寢具、廚房用品、兒童用品等，其中一個很火特色就是兒童區域，以卡通及夢幻為主題的陳列方式，特別可愛又吸睛。

🏠 NC百貨釜山大店B1

🌐 http://modernhouse.elandmall.com（韓）

INFO

BUTTER／버터

以玩樂生活、發揮想像力設計出各種逗趣可愛的商品，重要的是走平價路線，讓人愛不釋手。喜歡設計小物、文具、雜貨的朋友，非常適合到這裡來挖寶！

🏠 NC百貨釜山大店1樓

SALON DE BONHEUR ｜ 살롱드보네 ｜

美食

吃一口幸福美好

　　位在早餐一條街街尾轉角處，外觀看起來像是高級精品業，但其實是家麵包甜點專賣店喔！

　　「BONHEUR」法文是幸福的意思，店內空間寬敞明亮，香氣濃郁。一樓主要販售各種麵包，麵包種類眾多，從麵包、泡芙、手工餅乾……應有盡有非常多樣化，二樓則是有甜點、馬卡龍、蛋糕及咖啡廳，像是精品般的各種麵包甜點，讓人愛不釋手，麵包價格平實，甜點像是有種神秘的力量，咬一口香甜滋味，幸福感油然而生。

　　可在一、二樓選購自己喜歡的款式，再到二樓享用，順便休息一下，或者欣賞韓國情侶們放閃，感受洋溢的甜蜜。

INFO

🏠 釜山市金井區長箭洞425-1／부산시 금정구 장전동 425-1 （釜山大學路63號街30／부산대학로63번길 30）

📞 051-711-4454

🕐 08：30～23：30

🚌 地鐵釜山大學站1號出口往釜山大學方向，直走到底T字路口轉角建築物即是。

東萊區 | 歷史風情·古今交匯 | 온천장역 |

溫泉場站在釜山東萊區，東萊原是古城，後來併入成為釜山市其中一區。長久以來都是軍事重鎮，後來因壬辰之亂而多了歷史傷痕留下大量遺跡。這裡也是有名的溫泉區，到這裡不僅可以泡湯足浴，賞櫻季節來時還可以到溫泉川市民公園欣賞綿延數公里的櫻花路，感受櫻花的繽紛浪漫！

美食 MOMOS COFFEE | 모모스커피 |

傳統韓屋中彌漫的咖啡香

如果你是咖啡控，那可別錯過這家獨具一格的咖啡館，外觀是傳統建築配上新式設計，一眼望去相當醒目！穿越佈滿花草樹木及石雕的庭院後傳統與現代感兼具的用餐空間。

咖啡品項很簡單，只有幾樣而已，其中以手沖咖啡最受歡迎，除此之外，麵包及各式手做點心也是賣點之一，像是Scone或提拉米蘇，絕對會被濃郁的香氣給吸引，兩者搭配相得益彰。雖然連鎖咖啡店又多又快，而MOMOS獨一無二的特殊感，難怪會是釜山頗具代表性的咖啡店之一。

INFO

🏠 釜山市金井區釜谷4洞873-98／
　부산시 금정구 부곡4동 873-98
📞 051-512-7034
🕘 09：00～23：00
🚇 地鐵溫泉場站，2號出口斜對面。

東萊溫泉露天足浴

玩樂

| 동래온천 노천족탕 | **逛街鐵腿不用怕！**

　　東萊是釜山著名的溫泉區，附近溫泉旅館林立。東萊溫泉露天足湯是南韓歷史最悠久的溫泉之一，從特別的龍頭形雕像噴出40℃以上的溫泉水，特別的是含有偏硼酸、偏矽酸等微量元素。逛街走累了來泡泡腳，泡個20分鐘促進血液循環，恢復戰鬥力後繼續未完成的旅行吧！

INFO

🏠 釜山市東萊區溫泉洞135-5 부산 동래구 온천동 135-5（金剛公園路26號街21／금강공원로26번길 21）

📞 051-550-4682

🕐 3～10月：10：00～17：00
11～2月：11：00～16：00。
其餘月份、每週三、五、重要節日、下雨或天候不佳時不開放。

🌐 http://chinese.visitkorea.or.kr/chs/index.kto（中）

🚃 地鐵溫泉場站，從1及3號出口中間馬路直走，到底看到十字路口後左轉直走，在路口右手邊會看到「美味樓」，斜對面即是。

虛心廳 | 허심청 |

玩樂

超大規模溫泉池&汗蒸幕

　　虛心廳是農心集團旗下酒店所附設經營的溫泉SPA，佔地千坪內有自然採光的超大型溫泉池、各種浴池、汗蒸幕、美食店等。溫泉各有不同功效，像是長壽湯、柏木湯、洞泉湯、露天湯……等40多種的浴池，會因季節變化加入不同的韓方藥材或精油成份，是非常多樣化的放鬆休息空間，很值得花上一些時間。

INFO

🏠 釜山市東萊區溫泉洞137-7 부산시 동래구 온천동 137-7（金剛公園路20號街23／금강공원로20번길 23）

📞 051-550-2200

🕐 05：30～24：00（23：30後截止入場），休息設施：06：30～23：00，全年無休。

💲 平日大人₩8000、假日大人₩10000，小學生 ₩6000兒童₩4000（1～7歲），使用汗蒸幕及其他設施加₩2000

🌐 http://www.hotelnongshim.com/（中韓日英）

🚃 地鐵溫泉場站，從1及3號出口中間馬路直走，到底看到十字路口後左轉，接著直走在路口右手邊會看到「美味樓」後再直走，下個路口即可看到。

※ 備註說明：混浴兒童年齡限5歲、身高不超過110公分，或視現場人員安排。

達人帶路

東萊蔥煎餅街

| 동래파전골목 |

飄香數十年的在地美食

　　「煎餅」本來就是韓國家喻戶曉的下酒小菜，而釜山又以「東萊蔥煎餅」特別有名。以當地嫩蔥、韭菜加上海鮮香煎而成。整條街約莫十來家店，雖然沒有豪華寬敞的用餐環境，但價格合理、用料實在，經過店家時總是門庭若市，難怪會遠近馳名。從地鐵站步行約需花十多分鐘的時間，雖然不是很近，但絕對會是到值得一試的美食。

INFO

民俗村／민속촌

🏠 釜山市東萊區溫泉洞온천동 204-11／부산시 동래구 온천동 204-11（茶田谷路50號街34／차밭골로50번길 34）

📞 051-556-5651

🕐 09：00～22：00

💲 東萊煎餅동래파전₩10000起、馬格利酒막걸리₩3500

🍴 可1人用餐

INFO

東萊奶奶蔥煎餅／농래할매파전

🏠 釜山市東萊區福泉洞367-2／부산시 동래구 복천동 367-2（明倫路94號街43-10／명륜로94번길 43-10）

📞 051-552-0791

🕐 12：00～22：00（每週一、中秋及農曆新年公休）

💲 東萊煎餅동래파전₩20000起、東東酒동동주 ₩7000

🚃 地鐵壽安站（403）5號出口出來順著直走，接近第3個十字路口左手邊草坪或東萊站（125）2號出口步行約10分鐘。

玩樂 金剛公園、金剛纜車 ｜금강공원·금강케이블카｜

登高俯瞰遼闊市景

　　南北韓交界的金剛山是韓國人心中的聖山，位在東萊的金井山因地貌類似，所以又叫小金剛山。過去隸屬於東萊都護府，擁有悠久歷史，處處可見文化遺跡。金井山城是韓國史蹟第215號，總共有四個城門，全長17000多公尺，城牆目前剩下只剩4000多公尺，是韓國最大山城。

　　在金井山山腳下東南側的公園纜車總長有1260公尺、爬升高度約500多公尺，單趟搭行時間約8分鐘。不僅方便還能俯瞰市景。下車後依個人腿力沿山城步行可到各城門或金井山主峰姑堂峰，欣賞奇岩絕壁、秀麗景色。秋季來時間剛好的話，説不定還能飽覽滿山遍野的楓紅、美不勝收。

INFO

🏠 釜山市東萊區溫泉山洞20-1／부산시 동래구 온천동산20-1（**禹長春路155／우장춘로 155**）

📞 051-860-7880

🕘 09：00～18：00

💲 大人來回₩8000、單程₩5000
兒童來回₩5000、單程₩3000

🌐 https://goo.gl/twe48u

🚌 地鐵溫泉場站（127）1號出口或明倫站（126）3號出口步行約20分鐘。搭計程車前往約8分鐘以內，車資₩3000。（平日約20分鐘一班次、假日人多則發車）

各景點步行所需時間

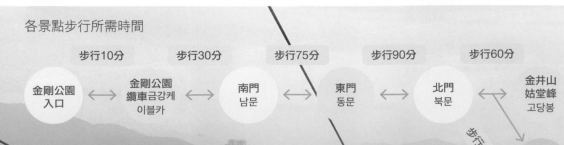

	步行10分		步行30分		步行75分		步行90分		步行60分
金剛公園入口	↔	金剛公園纜車金剛케이블카	↔	南門남문	↔	東門동문	↔	北門북문	↔	金井山姑堂峰고당봉

步行60分

梵魚寺범어사

玩樂 梵魚寺 | 범어사 |

釜山代表名寺之一

釜山有兩個教具宗教色彩的景點可以走訪：一個是位於崖邊的海東龍宮寺，另一個是梵魚寺。四季都美的梵魚寺位在金井山東麓，與海印寺、通度寺並列為嶺南三大寺。可說是秋天到釜山賞楓及欣賞古寺的極佳景點。

漫步在古色古香的寺院建築中，喜歡看韓國古裝劇的朋友，不妨想像跟著劇中穿越時空的奇妙感受。到這裡除了可以來爬山運動、賞楓散心之外，另外也有佛教文化體驗。

在韓國吃素叫做「鉢盂供養（발우공양）」，就是在空鉢盂中裝入自己可吃得完的食量，以「惜食、慢吃、默言」的形式，學習專注於當下每一飯菜，並與者學習惜福與靜心。除了梵魚寺之外，附近還有金井山的各種地貌可一併走訪。

INFO

🏠 釜山市金井區青龍洞546／부산시 금정구 청룡동 546（梵魚寺路250／범어사로 250）

📞 051-508-3122　🕐 09：30～18：00

🌐 http://www.beomeo.kr/eng_templestay/ts01.php（韓英）

　寺院寄宿 http://www.templestay.com（韓英）

　發車時刻：http://www.samshinbus.com/popup/90.htm（韓）

🚇 地鐵梵魚寺站（133）5或7號出口，從兩個出口中間的巷口步行至第一路口左轉，換乘90號公車到終點站梵魚寺站下車（回程同一地點候車）。

佛教文化體驗說明：
（1）寺院寄宿
* 金魚寺院寄宿：基本項目（寺院禮儀、禮佛、與師傅的茶談）＋鉢盂供養＋108念珠製作＋參禪＋寺院巡禮＋法門＋運力
* 參禪寺院寄宿：基本項目（寺院禮儀、禮佛、與師傅的茶談）＋鉢盂供養＋參禪I＋參禪II＋鉢盂供養＋寺院巡禮＋法門＋運力（每月一次定期寺院寄宿，兩天一夜）
（2）文化課程
* 自由祈願、散步、寺院巡禮
* 寺院禮儀、禮佛、與師傅的茶談
* 寺院禮儀、禮佛、與師傅的茶談、供養、五色切糕製作

釜山地鐵2號線

2號線除了與機場金海輕電鐵連接之外，可説是沿著釜山海岸線行駛，通往知名海水浴場及海岸觀景台、步道等。1號線著重陸上景點，而2號線多水岸活動。2條路線可囊括大部份水陸地區，海陸皆可賞玩！

位在海雲台區中洞站週邊有幾個知名景點：尾浦遊覽船碼頭、尾浦生魚片＆烤貝村、迎月路（달맞이길／Moontan Road）、迎月嶺（달맞이고개）、海月亭（해월정），可從位於高處的迎月嶺欣賞海雲台全景，或從東海南部線鐵道散步路，延伸到青沙浦……感受海岸的旖旎風光。

美食

老奶奶家元祖河豚湯

│ 할매집원조복국 │　**明星低調探訪的絕品美味**

　　盛產海鮮的釜山，連解酒湯也多半是海鮮，最具代表性的應該算是河豚了吧！

　　河豚雖有劇毒，但排除毒素後其實肉質細緻鮮美，湯頭爽口，足以撫慰饕客的味蕾，因此備受推崇，這裡還據說是不少參加釜山國際電影節的明星們會造訪的解酒湯名店。到釜山除了追逐鄉土美食，河豚也是絕對要嘗試的美食之一。

INFO

尾浦總店／미포본점

🏠 釜山市海雲台區中洞957-1 부산시 해운대구 중동 957-1（迎月街62號街28／달맞이길62번길 28）

📞 051-747-7625

🕐 24小時

💲 白河豚은복、大口湯대구탕皆₩9000起

🚇 地鐵中洞站7號出口直走往尾浦港方向，步行15分鐘或地鐵海雲台站3號出口，往尾浦方向步行20分鐘

※ 河豚湯皆可分清湯복지리或辣味매운탕

美食 舒暢鱈魚湯 | 해운대 속씨원한대구탕 |

連明星都愛的特色料理

到釜山這海港城市最不能錯過的當然就是各式海鮮，靠近海雲台附近可發現不少寫著「대구탕」大口湯的店家，指的就是鱈魚湯，可說是海雲台的特色料理。這家之所以人氣更勝一籌就在於爽口湯頭，以蘿蔔搭配鱈魚燉煮，鮮嫩的魚肉，肉質細嫩，毫無腥味，湯喝起來清甜又營養，保證讓人回味再三！！

INFO

尾浦總店／미포본점

🏠 釜山市海雲台區中洞957-1／부산시 해운대구 중동 957-1（迎月街62號街28／달맞이길62번길 28）

📞 051-744-0238

🕐 24小時，中秋及農曆春節公休

💲 鱈魚湯대구탕₩10000、雞蛋捲알말이₩6000

🍽 可1人用餐

🚇 位於老奶奶家元祖河豚湯旁

美食 尾浦生魚片&烤貝村

| 미포생선회 & 조개구이촌 | 邊賞海邊吃海鮮 |

尾浦與青沙浦附近海域，是寒流與暖流匯流區域，因此有豐富海鮮魚貨，因此吸引眾多店家進駐，在這裡可品嘗到漁女們直接打撈上岸的生魚片及貝類食材，一邊欣賞藍天碧海，一邊享用海鮮大餐是一大享受，就連《食尚玩家》、《愛玩客》都曾慕名造訪。

INFO

🏠 釜山市海雲台區中洞994一帶／부산시 해운대구 중동 994 일대（迎月街62／달맞이길62）

🚇 地鐵中洞站7號出口直走往尾浦港方向，看到觀光遊覽船搭乘處後繼續往前走即可抵達，或地鐵海雲台站3號出口。

三浦散步路 | 삼포해안길 |

玩樂

韓劇廣告私景點

　　三浦散步路指的是從海雲台沙灘到松亭沙灘之間的一條路徑蜿蜒的海岸邊斜坡路，連接尾浦（미포）、青沙浦（청사포）和九德浦（구덕포）3個小漁港，這條位於迎月路與東海南部線鐵道散步路中間的三浦散步路，是較幽靜的小漁村，有著優美的海線線以及純樸的漁村風貌，成為不少韓國電影、廣告劇組私房取景地點。

INFO

🏠 釜山市海雲台區中洞957-8／부산시 해운대구 중동 957-8（迎月街62號街33-1／달맞이길62번길33-1）

📞 051-742-2525

迎月嶺 | 달맞이고개 |

玩樂

擁抱海洋曬月亮

　　迎月路是指途經海雲台到松亭海水浴場間，位在臥牛山腰上，有著櫻花樹與松林的寂靜小道，又叫「十五曲道」。沿著山坡一路往上走，蔚藍大海、白淨沙灘和松樹交織成極美的景緻，因此被列為釜山八景之一。四月櫻花季造訪，可以看到櫻花盛開的粉紅浪漫。其它時間除了賞月，迎月路末端有不少咖啡店和餐廳，一邊喝咖啡一邊欣賞碧海藍天，相信會是非常愜意的渡假模式。

INFO

🏠 釜山市海雲台區中洞／부산시 해운대구 중동

🌐 http://tour.haeundae.go.kr（中英日韓）

🚇 地鐵中洞站2號出口，往尾浦五岔路方向步行約20分鐘。或可搭乘39、100、139、141、200號公車於賞月入口下車

尾浦港觀光遊覽船 | 해운대유람선 |

玩樂

不同方式暢遊釜山

　　釜山港灣曲折，有著迷人的海岸線，風光旖旎，美麗的程度比起其他知名海港城市絲毫不遜色。搭船遊釜山港可以一次欣賞著名景點像是冬伯島、廣安大橋、太宗台……，可從不同角度欣賞無敵海景，飽覽山光水色會是件賞心悅目的樂事。目前釜山市內提供的觀光遊船有很多種類，可依個人時間與喜好自由安排。

INFO

🏠 釜山市海雲台區中洞957-8／부
산시 해운대구 중동 957-8（迎月
街62號街33-1／달맞이길62번길
33-1）

📞 051-742-2525

💲 成人₩10000～99000之間；孩
童₩6000～99000之間

釜山市內觀光遊船一覽

郵輪	冬柏號	Camellia 2000
路線	（日間）海雲台→冬柏島→廣安大橋 　　　→五六島→ 海雲台尾浦碼頭 （夜間）海雲台 →冬柏島→廣安大橋 　　　→水邊公園→海雲台尾浦碼頭	釜山大橋→札嘎其→太宗台→五六島→海雲台
碼頭	尾浦碼頭（上下船）	尾浦碼頭與釜山大橋碼頭（雙向）
地址	海雲台中1洞957-8	中央洞大橋路94號
電話	051-742-2525	051-441-2525
時間	（日間）09：00～日落 （夜間）日落～10：00 （約40分鐘）	釜山大橋出發08：30、12：20、15：40 尾浦出發10：00、13：50、17：10
費用	成人₩19500、孩童₩12000	成人₩18000、孩童₩9000
交通	中洞站3或5號出口往尾浦港方向	南浦站10號出口，樂天百貨後門方向400公尺
網址	coveacruise.com（韓）	coveacruise.com（韓）

Tezroc Nurimaru號	Tiffany21	太宗台昆布遊覽船
龍湖灣碼頭→廣安大橋→五六島→太宗台→釜山港沿岸碼頭	（日間）冬柏島→五六島→二妓台→廣安里→冬柏島 （夜間）冬柏島→海雲台→廣安大橋→廣安里→冬柏島	燈塔→朝島→太宗台海上→海望洞海岸線
龍湖灣碼頭（上船） 釜山港沿岸碼頭（下船）	Tiffany21碼頭（上下船）	燈塔遊覽船碼頭
龍湖灣碼頭：南區龍湖洞196-3 釜山港沿岸碼頭：中區中央洞5街16	海雲台區佑洞1439	影島區東三洞4
1688-7680	051-743-2500	051-405-2900
12：00、14：30、17：00、19：30（約90～120分鐘）	●日間 11：00 13：30 15：30（70分鐘） ●夜間 19：00 22：00（約90分鐘）	09：00～18：00（約40分鐘）
₩19500	₩40000～ ₩99000	成人（13歲以上）₩10000、孩童（2歲至12歲）₩6000
釜慶大學站3或5號出口換乘22號公車至「五六島SK View後門站」下車後右轉往五六島碼頭方向	冬柏站1號出口直走約400公尺到四岔路口再右轉往前步行約200公尺	南浦站1號出口換乘公車至太宗台站下車，遊園區內。
https://en.trippose.com/tour/tezroc-cruise（中英日韓）	www.tiffany21.co.kr（韓）	www.taejongdae.or.kr（韓）

玩樂 舊東海南部線鐵道散步路 | 구동해남부선 철도산책로 |

清新山海風景悠遊散策

　　東海南部線是釜山連接蔚山市的火車路線，在2014年截彎取直工程完工後，海雲台火車站與松亭站搬遷，保留了松亭與尾浦間的鐵道，改成散步步道，長度約為4.8公里，成為民眾運動及休閒的景點。尾浦鐵路被列為全韓國最美麗的鐵道之一，靠近海邊風景秀麗，景色宜人，運動兼觀光休閒一舉兩得。

INFO

ℹ️ 海南部線舊鐵道（동해남부선 철길）⟷尾浦鐵路（미포철길）

尾浦（미포）⟷青沙浦（청사포）：約2.4公里／約需50～60分鐘

青沙浦（청사포）⟷松亭站（송정역）：約2.4公里／約需50～60分鐘。

玩樂 推理文學館 | 추리문학관 |

獨一無二主題咖啡館

　　推理文學館是目前韓國獨一無二以推理為主題的咖啡館。1992年由韓國知名推理小說家金聖鍾開設，4層樓的建築結合咖啡館、活動場地與圖書館的複合式空間，藏書量多達4萬多本，雖然大多以韓文書為主，不過也有福爾摩斯和阿嘉莎·克莉絲蒂英文作品，即使語言不通也不用擔心無聊，另外還陳列了一百多名世界文壇知名作家的照片，你認得幾個？

INFO

🏠 釜山市海雲台區中洞1483-6／부산시 해운대구 중동1483-6（迎月街117號街111／달맞이길117번나길111）

📞 051-743-0480

🕐 09：00～18：00 元旦、中秋節及農曆春節公休

💲 每人1杯飲料₩5000，再加₩1000可無限續杯

🚌 地鐵萇山站（201）6號出口轉乘2、7、10號巴士到「推理文學館」下車。

玩樂 青沙浦 | 청사포 |

怎麼拍怎麼美的迷人氣質

青沙浦原來只是個靜僻的小漁村，不同於其他地方的熙來攘往，這裡反而多了一點恬靜的氣質，後來成為不少攝影玩家與文青門喜愛的景點，韓劇及廣告都曾到這取景，時常躍上螢幕，像是由李準基主演的韓劇《Two Weeks》以及車勝元汽車廣告。矗立碼頭的紅白燈塔是代表地標，而「青沙浦墊腳石天空步道」更是2017年8月中開放的新景點。（詳見P.33）

INFO

🏠 釜山市海雲台區中洞591-19／부산시 해운대구 중동 591-19

🚌 萇山站（201）7號出口搭「海雲台區2號巴士（해운대구2）」到終點站下車，約10分鐘，地鐵轉乘公車30分鐘內有優惠！或可搭計程車車資約₩3000左右。

美食 CAFE ROOF TOP

| 카페루프탑 | IG 人氣屋頂露台咖啡館

韓國咖啡館三步一家五步一店，近年則是非常流行「屋頂露台咖啡館（카페루프탑）」！幾張慵懶沙發、夢幻紗帳搭配無敵海景無疑是讓最嚮往的休閒空間了！傍晚來的時候最適合，從這裡向外望去還能看到青沙浦踏石展望台，坐在陽台或屋頂沙發，再配上一杯咖啡，就是一大享受了！

INFO

🏠 釜山市海雲台區青沙浦路139-4，4F／부산시 해운대구 청사포로 139-4，4층(中洞524-11／중동 524-11)

📞 051-702-3007

🕐 11:00～22:00 (週一公休)

💲 飲料價格從₩4500～₩8000不等，每人低銷為1杯飲料

🚌 同上，下車後面對燈塔往左手邊方向步行約2分鐘內可抵達。

海雲台站周邊街道圖

玩樂景點 　推薦美食 　購物商店

海雲台市民畫廊
舊海雲台站

海雲台站
해운대역　**203**

Ramada Encore
Haeundae

派出所

大創

古來思魚糕
고래사어묵

屈臣氏

Pelicana Chicken
페리카나치킨

黃色炸雞
노랑통닭

伍班長烤肉
오반장

Stay 7 B&W

Ibis Ambassador
Busan Haeundae

Glory Condo
Haeundae

海雲台帳篷馬車村
해운대포장마차촌

海雲台海水浴場
해운대해수욕장

往冬柏島

D

E

F

1

GS25

OPS麵包店
옵스

那時候的那間店
그때그집

7 BNK

傳說中的蔘雞湯
해운대소문난삼계탕

錦綉河豚湯

Libero Hotel
Haeundae

2

GS25

海雲台名物炸物
해운대 명물튀김

DAILY PAN
데일리팡

Benikea Hotel
Haeundae

C·U

7

海雲台尚國家飯捲
상국일네김밥

Audi

Tokyo Inn Busan
Haeundae

老洪餃子刀削麵
노홍만두칼국수

GS25

3

海雲台傳統市場
해운대전통시장

Best Western
Haeundae Hotel

Kolon Seacloud Hotel

Paradise Casino Busan

Pale DE CZ

Sunset Hotel

C·U

Novotel
Ambassador
Busan

Paradise
Hotel Busan

4

釜山水族館
SEA LIFE Busan Aquarium
부산아쿠아리움

N

5

D

E

F

203 海雲台站

海雲台區 沙灘與美食 | 해운대역 |

海雲台以新羅晚期文學家崔致遠的號命名，最具代表性的就是海雲台沙灘，綿密的細白沙灘和遼闊的海岸線景色宜人，每年夏季還有沙灘節、釜山海洋節各種大小活動，吸引大批觀光客爭相造訪。除了沙灘美景，旁邊還有各式美食餐廳，炸雞、烤肉、啤酒……不管來幾次都能有不同收穫。附近還有冬柏島、釜山水族館、遊船等知名景點。

海雲台海水浴場
| 해운대해수욕장 | **海岸線門面擔當**

　　釜山超人氣的夢幻海灘代表，擁有細白沙質、寬廣沙灘與宜人的海岸線，淺灘及平靜海浪總是能吸引人潮聚集，每到夏天更是避暑戲水首選，海岸線附近大大小小建築與高級飯店林立，一年四季前來這裡的海外遊客絡繹不絕。

INFO

🏠 釜山市海雲台區中洞／부산시 해운대구 우동（海雲台海邊路264／해운대해변로 264）
📞 051-749-5700
🕐 24小時
🚇 地鐵海雲台站3或5號出口直走到底約8～10分鐘即可抵達
📍 C,5

美食

古來思魚糕 ｜고래사어묵｜

釜山人氣特產

　　釜山是靠海的城市，海產、海鮮、乾魚貨等約有3～5成流通全韓，其中有名的一項特產就是用新鮮魚肉製成的魚糕，是很具地區代表性的美食小吃。

　　釜山2個已轉型成企業化經營的魚糕品牌：成立於1953年，已傳承三代的釜山三珍魚糕（부산삼진어묵），是釜山元老級的魚糕名家；成立於1963年，目前第二代接手的老店古來思魚糕（고래사어묵），也是後來居上的魚糕品牌。

　　從以前的庶民美食，至今演變成企業化經營品牌，用健康有品質的包裝，朝質感特色美食邁進。走進海雲台店，店內的裝潢及陳列都很講究，有魚板烏龍麵、辣味綜合魚糕麵、飯捲跟各式魚糕……魚糕選擇很多，像是芝士、黑芝麻、南瓜及紫菜……超多意想不到的創新口味。除了魚糕之外，魚麵也很值得一試！像是扁型的烏龍麵與冬粉的結合，少了厚重的麵粉味，多了清爽的Q彈，完全吸附湯汁的魚麵很入味。一樓內側就是座位區，附有微波爐方便買魚糕的人自行加熱享用。

INFO

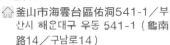

海雲台店／해운대점

🏠 釜山市海雲台區佑洞541-1／부산시 해운대구 우동 541-1（龜南路14／구남로14）

📞 1577-9820

🕙 10：00～22：00

🍴 可一人用餐

🌐 http：//goraesa.co.kr/（韓）

🚇 地鐵海雲台站5號出口直走約30公尺左右就會看到了。

📍 C,2

※ 除了海雲台之外，在南浦洞與甘川洞也有門市，釜田站分店還有開放體驗DIY課程。

美食 Pelicana Chicken百利家炸雞 | 페리카나치킨 |

炸雞界扛霸子

「Pelicana百利家炸雞」1982年開店至今，在韓國炸雞界有超過30多年經驗。贊助《來自星星的你》讓劇中大明星千頌伊念念不忘愛吃的就是這味。在觀光客眼中知名度不如其他品牌高，但味道一點都不輸其他品牌，以獨特醃醬事先醃製，鎖住水份也保留原味，在韓國炸雞排行有前5名的地位。

INFO

海雲台店／해운대점

- 🏠 釜山市海雲台區佑洞541-5／부산시 해운대구 우동 541-5（龜南路18號街24／구남로18번길24）
- 📞 051-744-3803
- 🕐 12：00～00：00
- 🚇 地鐵海雲台站5號出口直走，經過3個路口後右轉，CU超市旁
- 📍 C,2

INFO

- 🏠 釜山市海雲台區佑洞542-11／부산시 해운대구 우동 542-11（龜南路24號街20／구남로24번길20）
- 📞 051-747-8085
- 🕐 14：00～07：00
- 💲 肝連肉갈매기살、調味肝連肉갈매기수물릭、五花肉오겹살皆₩9500，豬頸肉항정살₩10000
- 🍴 可1人用餐，須點2份肉
- 🚇 地鐵海雲台站5號出口直走至第4條巷子右轉。
- 📍 C,3

美食 伍班長烤肉 | 오반장 |

連明星都愛的優質烤肉

這裡最有名的是「海鷗肉」，因為갈매기韓文諧音同海鷗，所以才有此俗稱，其實也就是豬的上橫膈膜部位。推薦一定要點「肝連肉」跟「豬頸肉」，醃製過的肝連沒有特殊異味，帶著肉香之餘又有嚼勁。豬頸肉有韌性，吃起來有脆度，跟其他部位的口感很不一樣。特製烤盤中間的烤肉吱吱作響發出誘人香氣，旁邊則是倒入蛋液泡菜豆芽同煮，不論搭配生菜、芝麻葉或是純沾醬，口感都很不錯，帶點彈性及脆度非常爽口。

美食 黃色炸雞 ｜노랑통닭｜

在地宵夜美食

　　這間炸雞對觀光客來說較陌生，卻是備受韓國年輕人喜愛的品牌之一，理念是喚起小時對炸雞的美好回憶。五種以上的料理方式，體型較一般市面上看到的炸雞較小塊，份量也多，所以好入口，特色是三合一炸雞口味，除了原味之外，調味與辣味炸雞也很有特色，調味炸雞外皮不會厚重酸甜兼具，辣味一開始是小辣有香氣，入口後有強大的後座力很令人驚艷！同樣的價格吃到3種口味實在超值。

INFO

海雲台店／해운대점

🏠 釜山市海雲台區佑洞 543-2／부산시 해운대구 우동 543-2（龜南路24號街5／구남로24번길 5）

📞 051-744-1066　🕐 15：00～02：00

💲 ₩16000起，原味후라이드、辣味매콤、調味양념

🌐 http://norangtongdak.co.kr/（韓）

🚗 地鐵海雲台站5號出口直走，經過4個橫向路口後右轉，接著左轉即可看到。

📍 C,3

※皆可選擇帶骨（뼈）或無骨（순살）

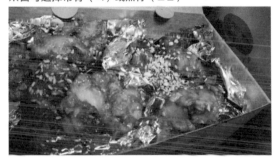

美食 海雲台傳統市場 ｜해운대전통시장｜

不怕踩雷的老店集中地

　　傳統市場最能貼近在地生活，位在海雲台海水浴場旁的傳統市場，不僅有其他市場相同的庶民小吃：辣炒年糕、飯捲、魚串，還有蔬菜水果及生活用品……特別的是這裡還有各式魚貨，像是秋刀魚、生魚片、盲鰻，可感受當地人的活力及獨特的飲食風格。

INFO

🏠 釜山市海雲台區中洞／부산시 해운대구 중동（龜南路41街22-1/구남로41번길 22-1）

🕐 09：00～22：00

💲 鹽烤盲鰻소금구이、調味양념구이、辣炒매운（小）₩20000起

🚗 地鐵海雲台站3號出口直走，第4個橫向路口左手邊即是傳統市場入口。

📍 D,3

美食 老洪餃子刀削麵 ｜노홍만두칼국수｜

料多實在的平價老舖

位在海雲台傳統市場裡的老洪餃子刀削麵是開業超過60年的老店家，平價又大碗，是不少韓國節目曾介紹過的低調美食店家。韓國的餃子皮薄內餡飽滿，這家的餃子口味是有點醋酸酸夾帶肉香。刀削麵以南瓜跟蔬菜為湯底，麵條入味伴隨著芝麻與海苔的香氣，又有恰到好處的清甜。喜歡海鮮的朋友可別錯過海鮮刀削麵，海鮮料多豐富，根本物超所值！

INFO

🏠 釜山市海雲台區中洞1394-107／부산시 해운대구 중동 1394-107（龜南路41號街24／구남로41번길 24）

📞 051-644-9313

🕙 10：00～23：00

🗨 可1人用餐

🚌 地鐵海雲台站3號出口直走，第4個橫向路口左手邊即是傳統市場入口，在右後段。

📍 D,3

美食 海雲台尚國家飯捲 ｜상국일네김밥｜

大排長龍國民小吃

位在海雲台市場內名物炸物對面還有家小吃名店，是室內空間較寬敞的韓式小吃店，牆上有好多名人簽名看得出受歡迎程度。這裡一樣販售庶民小吃，辣炒年糕、飯捲、綜合炸物選擇非常多樣像是炸蝦、牡蠣、蔬菜、扇貝、魷魚、炸軟殼蟹……多到讓人不知如何下手，價格在巷內來說相對較高一點。

INFO

🏠 釜山市海雲台區中洞1394-42／부산시 해운대구 중동 1394-42（龜南路41號街40-1／구남로41번길 40-1）

📞 051-742-9001

🕙 09：00～05：00

💲 綜合炸物튀김₩4000（6個）、黑輪오뎅₩2000（3個）、血腸순대₩4000、辣炒年糕떡볶이₩3500

🗨 可1人用餐

🚌 地鐵海雲台站3號出口直走，傳統市場內右後段。

📍 D,2

美食 海雲台名物炸物 | 해운대 명물튀김 |
高CP值的平價美食

　　海雲台市場有多家韓式小吃店，特色就是價格平易近人，且是大多數人能接受的街頭美食，像是辣炒年糕、血腸、炸物、飯捲……名物炸物的品項雖沒有對面的尚國家飯捲多，但該有的都有且價格較便宜，面對琳瑯滿目的選擇困擾就是在意自己的食量不夠大！

INFO

🏠 釜山市海雲台區中洞1394-238／부산시 해운대구 중동 1394-238（龜南路41號街39／구남로41번길 39）

📞 051-742-8337

🕙 10：00～24：00

💲 綜合炸物튀김₩500（個）、血腸순대₩3000、飯捲김밥₩1500、辣炒年糕떡볶이₩3000

🍽 可一人用餐

🚇 地鐵海雲台站3號出口直走，傳統市場內，尚國家飯捲對面。

📍 D,2

美食 DAILY PAN | 데일리팡 |
銅板價麵包店

　　韓國人以米飯為主食，但現在因為麵包方便款式選擇也多，逐漸改變飲食習慣。這家連鎖麵包店，以自然發酵法、每天新鮮出爐，多達三十多款人各式各樣的內餡如地瓜、玉米、起士……重點是₩500起跳的銅板價就能買到口味多變的好吃麵包。

INFO

🏠 釜山市海雲台區中洞1372-3／부산시 해운대구 중동 1372-3（龜南路41號街16／구남로41번길 16）

📞 051-731-2297

🕙 07：00～23：30，週日、中秋及農曆新年公休

🚇 地鐵海雲台站3號出口直走，傳統市場走到底後右轉。

📍 E,2

OPS麵包店 ｜옵스｜

美食

螞蟻人的心頭好

　　OPS麵包可算是釜山三大烘焙、全國五大名店之一。1989年開業，至今釜山地區已擁有十多家分店，規模快要追上大型連鎖麵包店。卡士達泡芙與起士饅頭都是OPS的招牌商品，香脆的外皮內裡是滿滿的柔嫩奶油，甜而不膩。而起司饅頭有著餅乾的酥層，內餡是滿滿的起士，香濃卻不會厚重甜鹹度處理得很好，不少觀光客都是聞香而來！

INFO

海雲台店／해운대점

🏠 釜山市海雲台區中洞1394-82／부산시 해운대구 중동1394-82（中洞一路31／중동1로 31）

📞 051-747-6886

🕐 08：00～23：00

🚇 海雲台站1號出口直走第1個路口右轉，過2條橫巷就能找到，或是海雲台主街往海雲台傳統市場走到底就左轉。

📍 D,2

※樂天百貨光復店B1也有門市

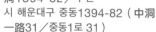

海雲台帳篷馬車村

美食

｜해운대포장마차촌｜　**像韓劇主角般聊天喝酒**

　　韓劇中時常出現下班後續攤的場景就是包裝馬車（或帳篷馬車포장마자），就像是我們的路邊攤一樣，點個幾樣小菜吃吃喝喝，紓解壓力。但在海雲台這一帶的包裝馬車是除了了常見的街頭美食之外，還多了各種新鮮海產，像是讓人驚呼連連的「活章魚」，有機會敢來挑戰生吞試膽嗎？

INFO

🏠 釜山市海雲台區佑洞622-23／부산시 해운대구 우동 622-23（海雲台海濱路236／해운대 해변로 236）

🕐 19：00～05：00

💲 一般餐點₩5000～₩25000，活章魚산낙지、쭈꾸미₩20000起

🚇 交通方式：地鐵海雲台站3或5號出口直走到底右轉，看到釜山水族館後下一個路口旁，步行約15分鐘左右。

📍 B,5

美食 傳說中的蔘雞湯 | 해운대소문난삼계탕 |
海雲台蔘雞湯名店

　　蔘雞湯不是只有在冬天適合喝，韓國人認為夏天流汗量多且吃太多冷飲，容易導致身體疲弱，這時就是最需要養身，也就是「以熱治熱（이열치열）」的概念，特別是在全年最熱的農曆三伏天—初伏、中伏、末伏（約是農曆6月下旬至8月上旬間），最適合吃蔘雞湯，這也是為什麼越熱蔘雞湯店人越多的原因。

　　走進這家位於海雲台的傳說中的蔘雞湯專賣店，可看見牆上擺放著許多中藥材，而雞湯共有5種口味，鮑魚蔘雞湯有幾乎拳頭一半大小的鮑魚展現誠意，而紅蔘蔘雞湯口味較清淡但蔘味濃郁，雞腹裡放了糯米、栗子、蒜頭及韓方藥材……味道豐富，雞肉則是相當軟嫩，輕輕一撥內就化開來了。帶有藥材味的雞湯入口香氣甘醇，如果覺得口味過於清淡的話可自行加點鹽巴或人蔘酒。

INFO

🏠 釜山市海雲台區中洞1398-44／
부산시 해운대구 중동 1398-44
（海邊路317／해변로317）

📞 051-741-4545

🕙 10：00～22：00

🚇 地鐵海雲台站1號出口直走後右
轉，經傳統市場後左轉，於十字
路口右轉，位於GS25對面。

📍 E,2

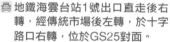

那時候的那間店 | 그때그집 |

美食

小菜滿桌的豪華韓定食

到韓國有機會一定要體驗小菜擺滿桌、視覺味覺超澎湃的傳統韓定食，這家店從1990年開業至今，代表菜色是選用慶尚北道醬煮豆所熬製而成的清麴醬湯，以及灑點鹽巴烘烤出來的脆皮鯖魚。鯖魚調味不死鹹，香氣十足，外皮酥薄油脂豐富肉質肥美，吃得到鯖魚的新鮮原味口感。隨桌附上湯、飯、生菜、涼拌三蔬以及十種小菜美味加倍，好吃不膩口，充滿韓式家庭的味道。

INFO

🏠 釜山市海雲台區中1洞1370-9／부산시 해운대구 중1동1370-9（중동2로10번길 16／中洞2路10號街16）

📞 051-747-7926

🕙 10：00〜21：00

💲 清麴醬、烤青花魚（鯖魚）、燉青花魚以上皆₩9000、烤牛肉₩13000

🍴 可1人用餐

🚌 地鐵海雲台站1號出口直走第1巷口右轉，經過3個橫巷看到右邊的傳統市場入口後左轉，再過1個路口的右手邊即可看到。

📍 F,2

※有中文菜單

釜山水族館SEA LIFE Busan Aquarium

| 씨라이프 부산아쿠아리움 | **親子同樂賞玩景點！**

　　SEA LIFE釜山水族館位在海雲台旁，2012年被英國Merlin娛樂集團收購後重新裝修，總面積約4000多坪，是目前韓國最大的海洋水族館。

　　裡面有超過250種、上萬多隻海洋生物，以及鯊魚、水獺餵食秀，還有長達80公尺的海底隧道，有如置身在蔚藍的海底世界般。SEA LIFE釜山水族館其中最引人矚目的就是鯊魚生活的巨型主水槽，遊客可搭乘透明遊艇從水上近距離觀看鯊魚動態。到釜山除了到海邊玩水、吃海鮮，如果帶著孩子出遊，可以到釜山水族館走走，相信會是老少咸宜的旅遊景點！

釜山水族館表演時間表

時間	表演內容	表點地點
10：30、14：30	水獺餵食	B2水獺水槽
11：30、15：30	企鵝餵食	B2企鵝水槽
12：00、16：00	鯊魚餵食	B3主水槽

※以上訊息如有異動請以官方公布為準

INFO

⌂ 釜山市海雲台區中洞1411-4／부산시 해운대구 중동 1411-4（海雲台海邊路266／해운대해변로266）

☎ 051-740-1711、2

🕐 週二至週四／10：00～20：00（入場截止19：00）、週五至週日及法定節假日／09：00～22：00（入場截止21：00）

💲 成人₩29000、兒童₩23000（官網或韓巢有提供優惠券）

🌐 www.busanaquarium.com/ch/Default.aspx（中）

🚇 地鐵海雲台站3或5號出口直走到底右轉，海雲台旅遊諮詢處旁，步行約10分鐘。

📍 D,4

釜山水族館樓層介紹
1樓 售票處、停車場
B1 美食街、紀念品店、休息區
B2 熱帶雨林館、企鵝、水獺、TOUCH POOL、觀覽鯊魚透明船登乘處
B3 水母館、深海生物、珊瑚水槽、主水槽、海底隧道

204 冬柏站

海雲台區　兼具自然與人文　｜ 동백역 ｜

相較於廣安里的寧靜恬靜，那麼海雲台就顯得特別熱情奔放！從海雲台再往左側延伸就是冬柏島，這裡有冬柏公園、The bay 101以及極具特色的電影大道。如果從公園出發，可從步道欣賞沿路海景再到海雲台海水浴場戲水，輕鬆愜意的散步旅行。

玩樂　冬柏島海岸散步路

｜ 동백섬해안산책로 ｜　**半日遊散步路線**

冬柏公園是釜山人賞景的首選公園。冬柏島公園是座自然公園，位於海雲台海水浴場的左側盡頭，以前這裡是充滿茶花的小島別名「山茶花島」，後來因為河川泥沙淤積將原本的島嶼與陸地連接起來，變成現在的陸地島。其中最知名的景點是世峰樓、燈塔、人魚黃玉公主像……從這裡可以絕佳的美景位置遠眺廣安大橋，悠遊地散步在海岸路上。

INFO

🏠 釜山市海雲台區佑洞／부산시 해운대구 우동

🚇 地鐵冬柏站1號出口沿大馬路直走往Westin朝鮮酒店方向，接著跟著指標走即可抵達，來回約1小時左右。

Nurimaru APEC世峰樓 ｜누리마루 APEC하우스｜

APEC 會議最美會場

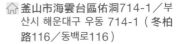

Nurimaru APEC世峰樓是2005年為了舉辦APEC會議而建造，如今是知名觀光景點之一。名稱是由韓語「누리（世界）」、「마루（頂峰）」與APEC House的組合。它的最大魅力就是以現代手法展現韓國傳統建築風采，屋頂線條模仿冬柏島輪廓，讓整座建築融入周圍自然環境，也因此被國內外媒體評為歷屆最美的會場。

INFO

🏠 釜山市海雲台區佑洞714-1／부산시 해운대구 우동 714-1（冬柏路116／동백로116）

📞 051-743-1974

🕐 09：00～18：00，每個月的第一個週一休息。

💲 免費

🚇 地鐵冬柏站1號出口沿著大路直走約20分鐘左右。

 The Bay 101 ｜더베이101｜

優閒品味輝煌夜景

面對聳立的摩天大樓上，到了晚上閃爍的光芒映照在水面上充滿異國氛圍。從The Bay 101可以清楚看到「海上城市」（Marine city）摩天高樓的景色。The Bay 101又叫韓國的小香港，外觀看起來像是夜店，但其實是複合文化藝術空間。主建築物裡有多家餐廳、食堂、PUB以及快艇場……到這裡欣賞迷人夜景或來份炸魚配啤酒絕對是種享受！

（照片提供：黃柏凱）

INFO

🏠 釜山市海雲台區佑洞747-7／부산시 해운대구 우동747-7（冬柏路52／동백로52）

📞 051-726-8888

🕐 10：00～22：00各店不一

🌐 http://www.thebay101.com（韓英）

🚇 地鐵冬柏站1號出口直走過冬柏橋右轉，約10分鐘。

玩樂 電影大道 | 영화의거리 |

韓國電影主題街

　　以廣安大橋為背景的主題散步道，沿著高樓匯聚的海濱而行，有以釜山為場景的電影看板，還有蜘蛛人、超人裝置前後呼應，全長800公尺，各種大明星手印、裝置藝術、3D塗鴉以及十多部賣座電影介紹，喜歡韓國電影的朋友不妨來細數你看過幾部！

INFO

🏠 釜山市海雲台區佑洞1447／부산시 해운대구 우동 1447

🕐 24小時

💲 免費

 地鐵冬柏站1、3號出口往海邊步行約15分鐘，或搭計程車前往，車資約₩3000。

Centum City站 | 센텀시티역 |

觀光旅遊、逛街購物一次滿足！

位於海雲台的大型複合式都市開發計畫區，地鐵站與2大知名百貨「新世界百貨」、「樂天百貨」相連，附近還有大型購物中心、國際規模的展覽中心BEXCO以及舉辦年度電影盛事的電影殿堂……在被稱為「新都市」的Centum City一帶，從觀光旅遊到逛街購物皆能一次滿足。

 BEXCO釜山國際會展中心

| 벡스코 | 新舊文化匯聚

BEXCO是國際規模的展覽、會展中心。以相當於足球場3倍大的大型的單層空間，作為專業展場、多功能廳、戶外展場、常設展場場地。除此之外，也設有釜山韓服體驗展示館，提供各項韓國傳統文化，以及多款大小韓服、虛擬韓服等多元化體驗。

INFO

🏠 釜山市海雲台區佑洞1500／부산시 해운대구 우동（APEC路55／APEC로 55）

📞 051-740-7300

🕐 依個展而定。

🌐 http://www.bexco.co.kr（中英日韓）

🚇 地鐵Centum City站1號出口直走或地鐵BEXCO站（205）7或9號出口

※BEXCO站舊名「市立美術館」

※韓服體驗開放時間／10：00～17：00，每週一及元旦公休

新世界百貨Centum City店

| 신세계센텀시티점 | **全方位滿足各種需求**

2009年開幕的新世界百貨Centum City店，曾評選為世界最大百貨公司，這家超大型百貨公司擁有超越想像的各種現代設施，除了是名副其實的購物天堂，還有畫廊、書店、咖啡廳、文化中心、電影院、高爾夫練習場、SPA水療室、露天公園及溜冰場，滿足現在都市人的各種需求。

INFO

- 🏠 釜山市海雲台區佑洞1495／부산시 해운대구 우동1495（Centum南大路35／센텀남대로 35）
- 📞 051-745-2983、1588-1234（外語）
- 🕐 平日10：30～20：00、假日10：30～22：00，MALL：10：30～22：00。免稅店平日09：30～20：00、假日09：30～21：00
- 🚇 地鐵Centum City站10或12號出口有連接百貨公司入口。

※新世界免稅店位於另一棟MALL，靠近電影殿堂方向

新世界百貨頂樓公園／신세계센텀시티 옥상공원

新世界除了可以逛盡情購物之外，頂樓還有個以恐龍為主題的小型遊樂園「ZOORAJI」，就像走進了侏羅紀的恐龍時代，可分為5個不同區域：恐龍世界、非洲熱帶雨林、雨點花園、小森林、海盜船。各種種類的恐龍遍佈全場，恐龍造型溜滑梯、海盜船以及動物造型的旋轉木馬，只要憑消費收據就可以免費搭乘旋轉木馬，大人逛街小孩玩耍真的是一舉兩得，適合一家大小盡情玩樂。

- 🏠 9樓戶外
- 🕐 10：30～18：00
- 💲 免費，旋轉木馬憑消費收據即可免費搭乘。

ELECTRO MART Centum店／일렉트로마트 센텀점

　e mart這個大型連鎖超市品牌相信大家都不陌生，旗下又分為許多小品牌，其中一個亮點就是ELECTRO MART，有別於其他以女性為主的消費模式，ELECTRO MART為了與其他家電賣場區隔，推出以「ELECTRO MAN」為主的系列商品，賣場到處都有超人、蝙蝠俠、鋼鐵人等英雄人物，產品種類齊全，還有各種玩偶以及專為男生打造的飾品賣場，非常獨特！

🏠 新世界MALL B2
📞 051-745-2383
🕐 10：30～22：00
※備註：新世界集團旗下品牌可分為：e mart（大賣場）、ELECTRO MART（家電專門店）、Peacock Kitchen（美食街）、The Life（大型家具店），traders（會員制倉儲式折扣店）

BANDI & LUNI'S／반디앤루니스

　韓國前5名的連鎖書店，繼教保文庫之後進駐新世界MALL，以寬敞空間、書牆陳列、舒服座位區提供讀者盡情探索，擁有豐富藏書、生活文具、數位及各式週邊商品，並將雜誌書籍與文具精品分門別類，方便不同擁護者輕鬆入手。

🏠 新世界MALL B2
📞 051-750-2900
🕐 10：30～22：00
🌐 http://www.bandinlunis.com

MINISO名創優品／미니소

　如果熟悉《孤單又燦爛的神─鬼怪》，應該對這品牌不陌生，劇中女主角恩倬搬到鬼怪家後，兩人一起到生活雜貨採購的場景，就是贊助商「MINISO」。中日聯手打造的品牌在兩年間全球已有上千家門市，以簡約、自然、質感的生活哲學販售各種創意家居、生活百貨、潮流飾品、辦公文具等超過上千種產品。如果你喜歡劇中的蠟燭還有蕎麥君娃娃，記得去打包回家！

🏠 新世界MALL B2
📞 051-745-2743
🕐 10：30～22：00
🌐 http://www.minisokorea.com

Spa Land | 신세계스파랜드 |

五星級豪華汗蒸幕

結合韓國傳統溫泉浴及現代化設備各項優點於一身的的Spa Land，挑高設計、空間寬敞舒適，擁有22個溫泉池、13個主題的熱療室、三溫暖，以及抬頭就能仰望天空的戶外足浴池。極具特色的黃土房、羅馬室、金字塔室、土耳其浴場、芬蘭三溫暖，可體驗世界各國特有的三溫暖與熱療，二樓則是各種娛樂空間如KTV、網咖、餐廳、商務中心等。

享受完滿身淋漓的暢快後，可像韓國人一樣來個雞蛋加甜米釀（식혜），補充點高溫流失的水份與體力。有機會到釜山千萬別忘了造訪Spa Land，以平民價格體驗五星級享受，融入道地的韓式日常。

INFO

🏠 釜山市海雲台區佑洞1495／부산시 해운대구 우동1495（센텀남대로 35／Centum南大路35）

📞 051-745-1655

🕐 06：00～24：00（售票至22：30、無過夜）

🚇 地鐵Centum City站10或12號出口有連接百貨公司入口，新世界百貨1樓往下方向手扶梯對面，入口位於PRADA與Dior櫃位中間

費用說明與注意事項

成人平日₩15000、假日₩18000，早場&晚場／平日₩10000、假日₩12000。

※ ①每次入場以4小時為限，每超過1小時加₩3000。
　②場內消費滿₩10000以上可延長2小時。
　③搓澡費用₩20000（30分鐘）
　④早場為早上9點前，晚場為晚上10點後。
　⑤孩童需滿7歲

 玩樂 **電影殿堂Busan Cinema Center** | 영화의전당 |

釜山電影節典禮舉辦地

　　電影殿堂自從2011年開始啟用後，每年「釜山電影節」的開幕及閉幕典禮都這裡舉行。擁有世界最長的懸臂式屋頂，佔地面積有足球場的2.5倍大，在世界最大規模的屋頂建築下裝有4萬多組的LED照明設備，交織成夢幻般的美麗景觀，白天跟晚上有著截然不同的樣貌。

　　電影殿堂主要可劃分為Cinemountain、

BIFF Hill、Double Cone3棟建築，本館Cinemountain內有多元兼具藝術性和大眾性的電影的3間播放室，並擁有韓國最高規格的表演舞台「天空話劇場」。電影殿堂是世界首座結合電影及表演藝術所成立之複合式影像文化空間，四千席的戶外劇場不僅能放映電影，也可作為各種表演場地使用，已成為釜山代表景點之一。

INFO

🏠 釜山市海雲台區佑洞/부산시 해운대구 우동（水營江邊大路120/수영강변대로 120）

📞 051-780-6000

🌐 http://www.dureraum.org/

🚇 地鐵Centum City站12號出口直走，第1個十字路口右轉，過2個橫向路口即可抵達。

建議參觀路線

BIFF Hill教室（宣傳影片、資料室→Cinemountain 1樓（天空話劇場）→Cinemountain 6樓（中劇場、小劇場、實驗劇場）→空橋→Double cone餐飲區→互助廣場（大屋頂、BIFF戲院）

廣安站周邊街道圖

- 🎡 玩樂景點
- 🍴 推薦美食
- 🎁 購物商店

A **B** **C**

1

② ①
廣安站
광안역 **209**

④ ③

⑥

⑤

大海中學

2

SUMMERS's BREAD & PASTA
써머스베이커리 🍴 C•U

Hotel Aqua Palace

AQUA PALACE蒸氣房 (4F)
아쿠아펠리스 찜질방 🎡 Ⓗ GS 25

3

Ⓗ Homers酒店

C•U

🎡 廣安里海水浴場
광안리해수욕장

西湖醫院 ●

🍴
奶奶元祖河蜆湯
할매재첩국

4

② ①

④ ③

金蓮山站
금련산역 **210**

Ⓗ

⑥ ⑤

5

Ⓜ

🍴 橋之家辣炒年糕
다리집

A **B** **C**

D E F

1

2

3rd SeoRab Cafe
세번째서랍

本家豆芽醒酒湯
본가콩나물해장국

C U

C U

● 民樂魚貝類市場

● 民樂魚貝類市場

GS 25

廣安望海邊主題街

民樂生魚片市場
민락회다문시강

民樂生魚片街

GS 25

GS 25

● 廣安海灘樂園

CON
곤

3

4

廣安大橋
광안대교

N

5

209 廣安站

水營區 ｜ 白天耀眼夜晚浪漫 ｜ 광안역 ｜

位在海雲台附近的廣安里，因赫赫有名的廣安大橋而多了不同風情。廣安大橋是韓國最早融入藝術的景觀照明，夜幕低垂後燈火輝煌，將廣安里附近點綴得亮麗繽紛，最特別的當然是每年10月的國際煙火節，造訪超過百萬人次可見代表性。

 玩樂 **廣安大橋** ｜ 광안대교 ｜
韓國第一雙層大橋

廣安大橋是位在韓國釜山的懸索橋（即吊橋），上下兩層都能便於車輛行走，連接釜山海雲台區和水營區。廣安大橋總長7.42公里，是僅次於仁川大橋的韓國第二長橋。廣安大橋造型優美，是釜山市的地標之一，兼具藝術造型與照明功能，會因為季節不同而有所變化。

INFO
🏠釜山市海雲台區栽松洞706-7／
부산시 해운대구 재송동 706-7
（水營江邊大路203／수영강변대
로 203）

📍F,5

圖片提供：黃柏凱

 廣安里海水浴場 | 광안리해수욕장 |
閃閃發亮、日夜都美

　　廣安里海水浴場位在海雲台西側，擁有美麗的海岸線與極佳沙質。一到夜晚，廣安大橋在繽紛多變的燈光照耀下顯得美麗迷人，深受年輕人喜愛，成為不可錯過的知名夜景之一。每到夏季都會有各式各樣精彩活動與表演，另外還有每年10月享譽國際的「釜山煙火節」，世界級的煙火表演，就是以廣安大橋為背景，五光十色又燦爛的華麗慶典。

　　在附近海邊有多達上百家咖啡店與餐廳，坐在咖啡店享受咖啡或者來份韓式炸雞配啤酒，欣賞浪漫的夕陽或是華燈初上的夜景，韓式特有的Freestyle相信夠讓人回味無窮。

INFO

⌂ 釜山市水營區廣安洞192-20／
부산시 수영구 광안동192-20（廣
安海邊路219／광안해변로219）

⊕ http://www.suyeong.go.kr/
gwangalli/main.asp（中英日韓）

🚇 地鐵廣安站3或5號出口直走到
底即可到達海邊。

📍 C,3

SUMMERS's BREAD & PASTA

美食

| 써머스베이커리 | **輕食美味打包帶著走**

不起眼的複合式小店提供咖啡、沙拉、甜點、麵包以及可隨身帶著走的義大利杯麵,麵包以健康概念減油減糖方式製作,調整更適合現代人的口味與比例。將店裡喜歡的單品打包,天氣舒服的時候到海邊就能席地而坐開始野餐!

INFO

🏠 釜山市水營區廣安洞472-19／부산시 수영구 광안동 472-19(廣安路20／광안로 20)

📞 051-757-2075

🕐 08:00～23:00

💲 各式麵包₩2500起、沙拉&麵包套餐₩5900、Pasta&麵包₩7900

🚇 地鐵廣安站3或5號出口往海水浴場方向直走,位在第2個橫向路口右手邊。

📍 C,2

本家豆芽醒酒湯

美食

| 본가콩나물해장국 | **健康爽口熱湯飯**

開業至今超過40年的本家豆芽醒酒湯,正式出場前會先送上隨桌小菜,有泡菜、醃蘿蔔、醬黑豆、豆腐……等配角豐富。而主角則是滿滿一整碗的黃豆芽加上蔥、蒜熬煮,打入一顆生雞蛋,可依個人喜好加入蝦醬,湯豆芽新鮮脆嫩、湯頭清甜爽口不會過辣,簡單的料理就很撫慰人心。

INFO

🏠 釜山市水營區民樂洞176-21／부산시 수영구 민락동 176-21(廣安海邊路269／광안해변로 269)

📞 051-753-2328

🕐 24小時

💲 ₩5500～7000之間,最熱門的產品為黃豆芽醒酒湯콩나물해장국₩5500

🍴 可1人用餐

🚇 地鐵廣安站3或5號出口直走到底,遇到海邊路左轉,經過3個橫向巷口左手邊。

📍 D,2

※ 有中文菜單

美食 3rd SeoRab Café

| 세번째서랍 | **超萌童趣擄獲少女心**

　　3rd Seorab是第三個抽屜的意思，亦代表著二人的夢想，這間小餐廳店裡空間不大，但陳列充滿童趣與溫馨，裝飾小物都是從各國蒐集回來的紀念品，為小店增添不少異國風情。曾因韓綜《超人回來了》秋小愛父女造訪而更加熱門。這裡提供各種冷熱飲、甜點以及早午餐，餐點最大的特色就是用可愛的擺飾相當吸睛，不單單只是味覺的饗宴，營造出童話般的場景也令人驚喜！

INFO

🏠 釜山市水營區民樂洞175-13／부산시 수영구 민락동175-13（廣安海邊路255號街16／광안해변로255번길 16）

📞 070-8238-4587

🕐 12：00～20：00，每月第2及第4個星期二休息

💲 飲料₩6000起、甜點₩8800、FULL SEORAB套餐（含飲料）₩10800

🚇 地鐵廣安站3或5號出口直走到底，遇到海邊路左轉，經過3個橫向巷口左轉巷內。

📍 D,2

玩樂 民樂生魚片市場 | 민락회타운시장 |

新鮮海味一次滿足

　　釜山的生魚片市場，最有名的是札嘎其市場，再來就是當地人常去的廣安里民樂生魚片中心。一樓是海鮮賣場，二樓就是餐廳，可以一樓挑選喜歡的海鮮之後上樓享用。與熙來攘往的札嘎其市場最大的差別就是享用新鮮海鮮的同時還能欣賞廣安海水浴場的夜景。

INFO

🏠 釜山市水營區民樂洞/ 부산시 수영구 민락동

📞 051-757-3000　🕐 10：00～01：00

🍽 可一人用餐，料理費用₩5000起

🚇 地鐵廣安站3或5號出口直走到底後左轉，繼續往前直行至右手邊出現第1個橫向路口右轉即「民樂洞生魚片街（민락동횟집거리）」，巷口第1間即是「民樂生魚片市場（민락회타운시장）」。繼續往前直走右轉是「民樂魚貝類市場（민락어패류시장）」、「民樂生魚片批發專門市場（민락활어회판매전문시장）」（CU超市對面巷內）。民樂洞生魚片街直走到底可到「民樂漁民活魚直銷場（민락어촌계）」。

📍 D,2

美食 CON ｜콘｜

內外皆風景

　　廣安海邊路這一帶附近有不少咖啡廳、餐廳，這家隱身在海邊巷弄中擁有更靠近海岸的地理位置。2017年中左右開幕的複合式空間，一樓是餐廳提供早午餐及各式西式餐點，二、三樓是酒吧，裝潢講究提供很棒的休閒環境，就算只是喝杯簡單的飲料，就能享有面對著廣安大橋的極佳美景。

INFO

🏠 釜山市水營區民樂洞181-199／부산시 수영구 민락동 181-199（廣安海邊路278號街51／광안해변로278번길 51）

📞 051-755-5959

🕐 11：00～23：00

🚇 地鐵廣安站3或5號出口直走到底後左轉，繼續往前直行至右手邊出現第1個橫向路口右轉，看到GS25左轉，接著右轉即可看到。

📍 E,3

美食 奶奶元祖河蜆湯 ｜할매재첩국｜

在地家常健康味

　　河蜆又叫蜆仔，是台灣以前常見的家常菜，滿滿的蜆仔加上一點薑絲，清爽好喝健康滿點。而這家從1950開業至今的河蜆湯全國各地都有分店，菜色簡單卻是備受好評的簡單美味。招牌河蜆套餐包括蜆湯、拌飯、煎魚、大醬湯、各式小菜……又是韓式美味滿桌的概念，河蜆新鮮料多實在，極受備受在地人推崇。

INFO

釜山總店/부산본점

🏠 釜山市水營區廣安2洞198-1／부산시 수영구 광안2동 198-1（廣安路120號街8／광남로120번길 8）

📞 051-751-7658

🕐 24小時

💲 ₩8000～25000之間，最熱門的餐點為河蜆套餐재첩정식 ₩8000。

🚇 地鐵廣安站3號出口直走到底，看到海邊右轉，經過3個巷口後再右轉在第1個十字路口即可看到。

📍 B,3

AQUA PALACE蒸氣房 | 아쿠아펠리스 찜질방 |

玩樂

無敵海景汗蒸幕

　　廣安這附近有不少蒸氣房，其中以HOTEL AQUA PALACE中的汗蒸幕最具規模，雖是酒店附設的休閒設施，但擁有極佳的地理位置、設備及視野。

　　空間寬敞且有大片的落地窗面向廣安里海水浴場，不論泡湯或躺在大廳休息都能輕鬆自在地欣賞廣安大橋的日夜海景，各自精采。六層樓的空間不僅有SPA、桑拿、溫泉及汗蒸幕等設備，除此之外，還有兩層樓高的滑水道及游泳池，休閒與玩樂功能兼具，是大人小孩都很適合活動空間。

INFO

🏠 釜山市水營區廣安洞192-5，4F／부산시 수영구광안동 192-5 4층（廣安海邊路225／광안해변로 225）

📞 051-790-2345

🌐 www.aquapalace.co.kr

🚇 地鐵廣安站5號出口直走到底，看到海邊右轉，位於AQUA HOTEL飯店內。

📍 C,3

樓層設施

4F	入場櫃台、鞋櫃與置物櫃
5F～6F	男女更衣室、三溫暖、淋浴間
7F	游泳池
8F	交誼廳、販賣部、蒸氣房、烤箱、兒童遊樂區
9F	睡眠室

入場費用

	三溫暖	溫泉三溫暖&蒸氣房온천사우나&찜질방	
		日間	夜間
大人	₩9000	₩12000	₩15000
孩童（7歲以下）	₩6000	₩8000	₩11000

※日間（5點～18點）、夜間（18點～5點）

210 金蓮山站

水營區 ｜ 美食總在巷弄裡 ｜ 금련산역 ｜

廣安站往金蓮山站方向有條咖啡街，聚集了將近上百家咖啡館及餐廳，坐在咖啡店門口來杯咖啡，望向日夜皆美的廣安大橋或者無邊際的海岸線……充滿異國情調讓人視野開闊、愜意極了！

 橋之家辣炒年糕 ｜ 다리집 ｜

釜山辣炒年糕代表、《週三美食匯》推薦名店

曾被韓國美食節目評為韓國4大炒年糕，釜山地區的唯一代表。雖然只有炸魷魚、年糕、魚板和炸魚板幾種小吃而已，但生意卻超好，是到釜山不能錯過的知名小吃店。炒年糕和炸魷魚是必吃款式，所有的食物都是新鮮現炸熱騰騰上桌，到櫃檯點餐付錢後取餐。

釜山的年糕跟其他地方不太一樣，尺寸較大，會附上剪刀讓客人自己剪。這裡的醬料偏濃稠，辣中帶甜且蠻有層次，厚實的年糕咬起來特別有嚼勁。

INFO

🏠 釜山市水營區南川1洞 30-13／부산시 수영구 남천1동 30-13（水營路464號街58／수영로464번길58）

📞 051-625-0130

🕐 12：00～22：00（每月第二個禮拜一公休）

💲 ₩3000～7700之間，最受歡迎的是套餐₩7700。

🍴 可1人用餐

🚇 地鐵金蓮山站（210）5號出口直走步行約3分鐘以內，看到麥當勞後左轉在左手邊。

※ 附飲料、黑輪湯，可續。
A、B餐皆含年糕、炸章魚、餃子，差別在於炸魚板或黑輪。

慶星大、釜慶大站

南區　　大學活力商圈　　| 경성대·부경대역 |

這站位於慶星大學與釜慶大學中間，理所當然衍伸出學生們聚集的商圈，雖然沒有像釜山大學前保稅街的規模，以各式餐廳跟生活用品為主，但也有不少傳統又道地的美食好料值得發掘。

 美食 REDEYE　| 레드아이 |

平價流行指標

連鎖的流行飾品品牌，門市大多位在精華地段或人潮較多的地下街，從頭到腳的配件通通都有，潮帽、頭飾、眼鏡、飾品、鞋包……緊扣著時尚尖端，重點是非常平價，一雙鞋只要₩10000，讓人很難不上演失心瘋戲碼。

INFO

慶星大店／경성대점

🏠 釜山市南區大淵洞54-5／부산시 남구 대연동 54-5（水營路324／수영로 324 與教保文庫同棟）

📞 02-310-9733（代表號）

🕐 11：00～22：00

🌐 http://www.redeyemall.com/（中英日韓）

🚌 地鐵慶星大、釜慶大站1號出口旁地下街。

美食 THE Premium Hearling Café ｜힐링타임｜

中場休息來個「按摩咖啡」吧！

現在韓國興起「按摩咖啡廳」，當逛街太累時，提供個人私密的休息空間，坐上新型按摩椅幫助全身紓壓放鬆後並享受1杯香濃咖啡，短暫的休息後，又能神清氣爽重新整裝再出發！

INFO

🏠 釜山市南區大淵洞56-7，2F／부산시 남구 대연동 56-7，2층（龍沼路11／용소로 11）

📞 051-611-1655

🕐 10：00～24：00

💲 30分鐘₩7000、60分鐘₩10000

🍴 可1人使用

🚌 地鐵慶星大、釜慶大站3號出口迴轉，經過1個橫向路口後，位於公車站牌旁2樓。

美食 CAFE 301 ｜카페301｜

綻放的玫瑰花也能喝？！

這家是很受學生歡迎的甜點咖啡廳，會針對不同季節推出限定版飲品，像是擁有高人氣的草莓拿鐵，上面盛開的玫瑰花是用草莓一片一片堆層層堆砌出來的，好看又好喝，非常療癒！另外還有芝麻街系列的鬆餅，根本輕易擄獲少女心呀！

INFO

🏠 釜山市南區大淵3洞58-11，3F／부산시 남구 대연3동 58-11，3층（大淵路15／용소로 15）

📞 070-8631-0301

🕐 11：00～23：00

💲 飲料₩4000、冰沙₩7500、WAFFLE₩8000起

🌐 cafe301.co.kr

🚌 地鐵慶星大、釜慶大站3號出口迴轉（往釜慶大學方向），過2個橫向路口，在TONY MOLY旁3樓。

美食 韓屋家燉泡菜　| 한옥집김치찜 |

老泡菜專門店

　　泡菜鍋雖然常見，但這家料理手法獨特，從入口牆上滿滿的電視報導可看出受歡迎程度。燉泡菜是用豬肉與老泡菜一起燉煮，與泡菜鍋的差別是直接盤裝，沒有湯。發酵過後的泡菜第一口會覺得特別酸，接著變成溫潤的微酸後，越吃越順口，更顯厚度。可以學學韓國人將白飯、泡菜、肉塊包在一起大口咬下，就是道地韓國味！

INFO

🏠 釜山市南區大淵洞38-4／부산시 남구 대연동 38-4（龍沼路7號街79／용소로7번길 79）

📞 051-627-2703

🕐 10：00～22：00

💲 燉泡菜 김치찌₩7000（附白飯）、泡菜鍋 김치찌개₩7000（附白飯&麵，可續）

🍽 可1人用餐

🚇 地鐵慶星大、釜慶大站1號出口直走過2個路口後右轉，接著在第1個十字路口左轉即可看到。

美食 鄉土家牡蠣湯飯　| 향토집굴국밥 |

讓人回味再三好澎湃

大淵總店／대연본점

　　到釜山這海港城市怎能錯過海鮮？吃過代表性美食豬肉湯飯、黃豆芽湯飯，接著一定要試試牡蠣湯飯！鄉土家是釜山牡蠣專賣店，提供湯飯、煎炸……等各種料理。一整碗肥美飽滿的牡蠣大約只要台幣200塊，湯鮮味美，搭配無限量供應的韓式小菜，是到釜山絕對不能錯過的新鮮海味！

🏠 釜山市南區大淵洞561-1／부산시 남구 대연동 561-1（龍沼路64號街3／용소로64번길 3）

📞 051-627-9985

🕐 24小時

💲 牡蠣湯飯 굴국밥₩7000、海藻牡蠣湯飯 매생이굴국밥₩9000、炸牡蠣 굴튀김₩14000起。

🍽 可1人用餐

🚇 地鐵慶星大、釜慶大站5號出口迴轉後直走，直走到Y字路口右手邊即可看到，步行時間約8分鐘以內。

玩樂 二妓台公園、二妓台海岸散步路

| 이기대공원、이기대해안산책로 | **天然景觀海岸漫步**

　　二妓台都市自然公園簡稱二妓台，是長約2公里的海上公園。這一帶的海灣，自古以來都是軍事重地，壬辰倭亂（1592-1598年）期間，日軍巡水路從釜山登陸，攻占水營並且在這裡紮營慶功。據說當時有兩名舞妓，將日軍將領灌醉後抱著將領一起投水身亡。後人為了紀念反抗的義行，因此將這裡取名為二妓台。

　　二妓台公園位於釜山市南區龍湖洞，北起廣安大橋附近的龍湖洞港，南至釜山港的五六島。二妓台海邊步道有多處吊橋、階梯、奇岩怪石，全程約2個多小時，沿途可觀賞廣安大橋、冬柏嶼、海雲台等天然景觀。由河智苑主演的災難電影《海雲台》也曾至二妓台取景，可從公園內的小型廣場上，看到不遠處的廣安大橋。

INFO

🏠 釜山市南區龍湖洞1／부산시 남구 용호동1（二妓台公園路105-20／이기대공원로105-20）

📞 051-607-6361、051-607-6398

🕐 保護區部份時間管制禁止進入（冬季18：00～05：00、夏季20：00～05：00）

🚌 地鐵慶星大、釜慶大站5號出口迴轉後搭「20、22、24、27、39、131」（27經大淵站），至「二妓台公園入口（이기대공원입구）」下車，跟著指標步行海岸散步路約需40分鐘左右。走完全程至最南端五六島天空步道可在「五六島SK VIEW後門（오륙도SK뷰후문）」搭「27、131」回慶星大、釜慶大站。

順遊景點

二妓台公園與五六島天空步道距離約2公里，時間充裕的朋友可順道踩點，要從五六島到二妓台可以有兩種方式：

（1）五六島→二妓台，多下坡

（2）二妓台→五六島，多上坡

※二妓台公園有「南區（남구）2-1」社區小巴（마을버스）可搭乘至五六島天空步道入口（假日行駛）

※五六島天空步道Sky Walk（詳見P.34）

步行至56島回程搭車處

回程可搭社區小巴

大淵站釜山博物館的傳統文化體驗，是吸引許多觀光客前往的原因之一，除了韓服體驗之外，還有茶道以及拓印等項目，透過DIY可更加了解過去傳統文化及生活方式，順便探訪週邊知名美食，來趟深度知性之旅。

美食 起麵包匠人豆沙包 ｜ 빵장수단팥빵 ｜

爆漿鮮奶油紅豆麵包

從大邱發跡的麵包名店「起麵包匠人豆沙包」在電視力推網友讚賞的推波助瀾下，更加火紅，全國陸續開了不少分店，釜山除了在西面之外，大淵站也有門市。這家的烘焙特色，就是用恆溫長時間自然發酵的老麵糰，裝入軟嫩的紅豆餡以及滿滿的鮮奶油，兩者搭配的恰到好處，奶香十足綿密不油膩，是個討喜的甜點，有讓人輕易愛上的特質。

INFO

🏠 釜山市南區大淵洞1740-6／부산시 남구 대연동1740-6（UN平和路3／유엔평화로３）

📞 051-622-0025

💲 紅豆麵包통단팥빵、地瓜麵包고구미 앙 꼬빵、栗子麵包밤 앙 꼬빵 ₩2000起

🕐 08：00～22：00

🚇 地鐵大淵站3號出口迴轉，就在釜山銀行旁。

玩樂 釜山博物館 | 부산박물관 |

了解釜山傳統從這裡開始

　　1978年開館的釜山博物館，共有7個常設展覽室，收集、保存及研究從史前時帶到現代的各種文物，依不同時期分為東萊館及釜山館，方便有興趣的朋友從時間追溯了解。2009年後新增文化體驗館，提供傳統服飾、茶道、拓本、遺蹟拼圖等體驗活動，以輕鬆的方式認識傳統文化。

INFO

🏠 釜山市南區大淵洞948-1／부산광역시 남구 대연동948-1（UN平和路63／유엔평화로 63）

📞 051-610-7111

💲 免費

🚇 地鐵大淵站3號出口迴轉，直走到底，左手邊即是入口，步行時間約8分鐘左右。

開放時間

平日與週日09：00～18：00；
週六、每月最後一個週三09：00～21：00，
每週一休館，閉館前1小時截止入場

韓服、茶道體驗資訊

韓服體驗：10：00～17：00現場預約，每組限2人體驗30分鐘、無幼童韓服

茶道體驗：10：30／13：30／15：00／16：30四場

拓本印刷：工本費W2000

雙胞胎豬肉湯飯 | 쌍둥이돼지국밥 |

在地人排隊名店

　　西面有條有名的豬肉湯飯街，而釜山在地人私心偏愛的是雙胞胎豬肉湯飯。目前共有3家，大淵站共有兩家，一到用餐時間總是會有排隊人潮，所以兩年前另開了二號店，用餐環境更寬敞。與其他豬肉湯飯相較，贏在湯頭濃郁卻沒有腥味，喜歡重口味的話可加入蝦醬、辣醬、韭菜等一起享用。如果有機會到釜山博物館或大淵站附近，千萬別忘了這個當地人最愛的豬肉湯飯。

 （總店）　 （2號店）

INFO

總店／본점

🏠 釜山市南區大淵洞 887-1／부산시 남구 대연동 887-1（유엔평화로13번길2／UN平和路13號街2）

📞 051-628-7020

🕐 09：00～24：00，中秋節、農曆春節公休

💲 豬肉湯飯돼지국밥、內臟湯飯내장국밥，血腸湯飯순대국밥皆₩6500、白切肉수육(小)₩18000

🍽 可1人用餐

🚇 地鐵大淵站3號出口迴轉，過3個橫向路口左手邊。

（總店）

（2號店）

五六島炒章魚 | 오륙도낙지볶음 |

一口接一口的國民美食

　　韓國人愛笑稱辣炒章魚是種「魔性食物」，因為只要加入拌飯裡拌一拌，就會停不下來。這家開業20多年的招牌炒章魚，有章魚、紫菜、冬粉及蔬菜拌炒，章魚雖然迷你但有咬勁又彈牙，可依個人喜好調整辣度的湯底，搭配白飯一不小心就盤底朝天了。

INFO

🏠 釜山市南區大淵洞1737-7／부산시 남구 대연동 1737-7（UN平和路13號街8／유엔평화로13번길 8）

📞 051-627-1471

🕐 10：00～21：00

💲 炒章魚낙지볶음₩6500、炒蝦새우볶음₩7500

🍽 可1人用餐

🚇 地鐵大淵站3號出口出來迴轉，從釜山銀行經過3個橫向路口後左轉，位於Y字路口。

東海線電鐵
Donghae Line
동해선 광역전철

東海線是釜山到慶尚北道浦項的鐵路，東海南部線在2016年底完工後併入。起訖點為釜田站及日光站，想到樂天東釜山名牌OUTLETS、海東龍宮寺、機張市場等郊區景點又多了更方便的交通選擇。

交通方式

從「地鐵釜田站」前往，需出閘後往1號出口方向，出來後直走大概3分鐘左右就能抵達「釜田火車站」。接著往月台「1-2號」方向，就是東海線了，可刷交通卡進站。

K121 松亭站

海雲台區 ｜ 充滿懷舊氣息 ｜ 송정역 ｜

韓國有不少地方都叫松亭，多少與韓國生活方式有關。以前為了慶祝新生兒誕生，位在家門口插上松樹枝，希望新生兒能有像松樹般的生命力；另外松木也是建構韓屋的極佳木材，所以不少地方都種植松樹。而東海南部電鐵松亭站，因為海水浴場更加洋溢了海洋氣息。

 玩樂 舊松亭火車站 ｜ 구송정역 ｜

情侶打卡聖地

因為東海南部線截彎取直後廢棄路段，將海雲台火車站、松亭火車站搬遷後，保留部份鐵軌，以鐵道散步路的方式，提供不同的休閒空間。跟著鐵道可以從這裡走到海雲台。路線會經過松亭、青沙浦、尾浦、海雲台等。（可參考中洞站舊東海南部線鐵道散步路P.134）而這座看起來不起眼的小車站，建於二次大戰前，外觀還保留著當初的樣貌。經過用心打理，設置了不少裝置藝術，除了休閒功能外，也是不少韓國情侶拍照打卡的景點。

INFO

🏠 釜山市海雲台區松亭洞／부산시 해운대구 송정동

🚇 電鐵松亭站任一出口至大馬路右轉，步行至T字路口後左轉，第2個橫向路口右轉，再直走即可看到。

松亭海水浴場 |송정해수욕장|
在地人的海邊

美食

　　釜山從北到南有多處海水浴場，海雲台適合度假休閒、廣安里海水浴場則是多藝術慶典，而同樣位在海雲台的松亭海水浴場，水質乾淨清澈，海水較淺，感覺也相對平靜，和海雲台或廣安里海水浴場的喧嘩稍有不同。前2個名氣響亮，而松亭因為地點相對較隱密，觀光客較少，因為一島之隔，多了點安靜與悠閒。旁邊是竹島公園及松日亭，可以看到一望無際的海，徜徉在自然純淨的海洋懷抱中。

INFO

🏠 釜山市海雲台區松亭洞／부산시 해운 대구 송정동

📞 051-749-5800

🕐 24小時（建議白天造訪）

🚃 電鐵松亭站任一出口至大馬路右轉，步行至T字路口後左轉，繼續步行看到圓環後右轉到底即可抵達。

OSIRIA站（奧西利亞站）

機張郡 | 囊括古蹟與購物 | 오시리아역 |

位於松亭站與機張站中間的奧西利亞站，恰巧也位在五郎臺（오랑대）與侍郎臺（시랑대）中間，風景秀麗渾然天成，因此取名結合兩地又帶點洋風特色。附近知名景點有樂天OUTLETS東釜山店以及位在海岸岩邊的海東龍宮寺，逛街購物與休閒觀光同時兼具了，在這裡可花上不少時間賞玩。

 玩樂

海東龍宮寺 | 해동용궁사 |

遼闊海景，最美佛門勝地

海東龍宮寺位於陡峭沿岸邊，壯闊的海景更顯獨特。海東龍宮寺為高麗時期懶翁大師所建，因壬辰之亂燒毀，後來晨庵大師接任主持發願重建，在祈禱百日後夢見觀音乘龍升天的景象，因此改名為海東龍宮寺。從入口的十二支像，以及吸引信徒們前來求子的「得男佛」。過了龍門石窟，一步步走下讓人忘卻煩惱的108階梯，接著就是排列整齊的石燈群以及眾多佛像。位在高台上高達10公尺高的觀音大佛巍然聳立，據說只要真心祈禱，願望就能實現，因此人潮總是絡繹不絕。

INFO

⌂ 釜山市機張郡機張邑侍郎里416-3
／부산시 기장군 기장읍 시랑리
416-3（龍宮街86／용궁길86）

☎ 051-722-7744、7755

🕐 04：00～日落

🚃 電鐵奧西利亞站1號出口直走約2公里多，步行時間約30分鐘左右，搭計程車約5分鐘。

樂天東釜山名牌折扣OUTLETS

玩樂

| 롯데 프리미엄아울렛 |　　**亞洲最大複合式購物中心**

　　東釜山OUTLET佔地極大，是間地下2層、地上4層規模的綜合商城，購物商城可分成MALL跟OUTLET，擁有114個專櫃多達550個品牌入駐，還有樂天超市、電影院、美食街、兒童遊樂區。

　　位在4樓希臘風格的藍白建築物地標，非常適合欣賞風景，還有泰迪熊博物館和其他兒童遊樂設施，適合有小朋友的家庭。用心打造的空間讓遊客能享受盡情購物的同時又能兼顧親子歡樂時光。這裡有提供明信片讓到此一遊的朋友送上祝福，不過免費寄送只限韓國境內，要寄海外要自付郵資。

INFO

東釜山店／동부산점

🏠 釜山市機張郡機張邑堂社里64／부산시 기장군 기장읍 당사리 64(機張海岸路147／기장해안로 147)

📞 051-901-2500

🕐 平日10：30～20：00，假日至21：00

🚌 電鐵奧西利亞站1號出口直走約1公里，步行時間約10分鐘。

樓層簡介

1樓 海外名牌／流行雜貨／女性時裝／男性時裝
2樓 流行雜貨／年輕潮流服飾／生活家電／內睡衣
3樓 F&B／兒童／運動／空中花園／購物商場
4樓 泰迪熊博物館

K123 機張站

| 機張郡 | 超值澎湃海鮮 | 기장역 |

機張站電車與火車同站，是釜山知名漁港，這裡以帝王蟹、雪蟹、緹魚、白帶魚……聞名，因為是主要進口漁港，價格會較市區各海鮮市場再低一點，雖然位置較遠，但喜歡海鮮的朋友非常願意用時間交換，大飽口福之餘順便造訪週邊景點。

美食 機張市場 | 기장시장 |

吮指美味－長腳蟹大餐

機張市場位於機張邑大羅里的中心地區，因市場現代化的計劃，八〇年代變成常設市場，現在是知名水產市場之一。

依季節不同販售當季盛產物，如春季是海帶與緹魚，秋季則是白帶魚，另外還有雪蟹、龍蝦、貝類……因為售價比全國最大魚市－札嘎其市場來得實惠，不少遊客慕名前來。自從2016年底東海南部線開通後交通更方便了，有機會到釜山千萬別錯過機張市場新鮮美味的雪蟹！

INFO

🏠 釜山市機張郡機張邑大羅里72-1／부산시 기장구 기장읍 대라리 72-1（邑內路104街16／읍내로 104번길 16）

📞 051-721-3963

🕐 07:00～20:00 大約，各家不一（每月第2個及最後1個週二公休）

💲 鱈場蟹、雪蟹依時價，可事前議價。
基本料理費기본₩3000（每人）、蟹膏炒飯볶음밥₩2000（每份）、白飯공기밥₩1000

🚗 ①火車：可從海雲台、東萊、釜田火車站乘火車到機張站，無窮花號約20至30多分鐘，票價約₩2600。

②電車：東海南部線已於2016年底通車，從釜田站至「機張站」，約30分鐘左右車資₩1400（機張市場站電鐵與火車同站）。

③公車：可從海雲台站7號出口旁搭乘公車「39或181」，約40分鐘以內票價₩1300。於「機張市場站」下車後迴轉約10公尺即是入口。

美食 **雪蟹之家** | 대게하우스 |

雪蟹、龍蝦一次滿足！

長腳蟹原本是指品種（松葉蟹），現在不少人當成統稱形容長腳的蟹。日本三大名蟹：帝王蟹、松葉蟹、毛蟹，都是北海道深海的特產，而帝王蟹又分為：鱈場蟹、棘蟹、花咲蟹及油蟹，而一般帝王蟹指的鱈場蟹，松葉蟹則是指雪蟹。帝王蟹肉質飽滿細緻滿，而松葉蟹則是綿密鮮甜。

「雪蟹之家」提供各種海鮮，雪蟹鮮甜，龍蝦更是Q彈好吃，一次滿足不同口腹之慾真是一大享受。

INFO

🏠 釜山市機張郡機張邑東部里275-12／부산시 기장군 기장읍 동부리 275-12（邑內路104號街5／읍내로104번길 5）

📞 051-721-1001

🕐 10:00～22:00

🚃 電鐵機張站1號出口往機張市場方向，進入市場後第2個橫向右手邊位在轉角處。公車39或181於「機張市場」站下車後往回走約10公尺即市場入口，位於第1橫向左手邊。

美食 機張雪蟹 | 기장대게 |

滿桌長腳蟹套餐超過癮！

目前市場內約有50多家餐廳，據說這裡主要的貨源是集資包船一起進貨來獲取低價，所以每家餐廳的售價其實大同小異。

且這裡的烹調方法只有1種，就是清蒸！最能吃出新鮮原味，根本不用另外調味就足夠襯托本身的濃郁鮮甜，搭配附送一整桌小菜，吃完可續，蟹膏還可另外炒飯，鹹香飽足絕對讓你大呼過癮！

INFO

🏠 釜山市機張郡機張邑大羅里69-2／부산시 기장군 기장읍 대라리 69-2（邑內路104號街8／ 읍내로 104번길 8）

📞 051-722-7070 🕙 09:00～21:00

🚇 電鐵機張站1號出口往機張市場方向，進入市場後第2個橫向左手邊位在轉角處（雪蟹之家斜對面）。公車39或181於「機張市場」站下車後往回走約10公尺即市場入口，位於第1橫向路口右手邊。

釜山近郊小旅行

金海洛東江鐵道自行車＆紅酒洞窟‥‥‥‥182

釜山慶南賽馬公園‥‥‥‥184

伊甸園滑雪度假村‥‥‥‥185

鎮海軍港節櫻花季‥‥‥‥186

余佐川‥‥‥‥188

慶和站櫻花路‥‥‥‥189

01 金海洛東江鐵道自行車&

釜山新亮點！休閒與運動兼具

　　釜山也有鐵道自行車囉！這是2016年中左右開幕的景點，旁邊還有利用山洞改建的紅酒洞窟，新鮮感十足！金海洛東江鐵路自行車是由廢棄鐵橋改建而成，橫跨洛東江上的復古鐵橋帶點滄桑的美感。不僅能有踩著鐵道自行車行的特別體驗，同時又能享受湖光山色，運動的同時又有休閒的樂趣真的好療癒。洛東江鐵道全程來回約3公里，到達終點後由工作人員透過旋轉盤迴轉後

沿原路折返，來回騎乘約半小時左右。

　　結束了鐵道的行程，時間充裕的話不妨順便到紅酒洞窟走走。四周原本是一片荒涼，由廢棄的隧道改建成有觀光價值的景點。

　　從遠處就可以看到以火車改建的車廂，末端有支紅酒瓶，遠看是列車剛從山洞行駛出來的畫面。從咖啡列車到紅酒洞窟共有6個主題：咖啡列車、橡木桶入口、葡萄酒展示場、紅酒販賣

紅酒洞窟

| 김해낙동강레일파크&와인동굴 |

INFO

⌂ 慶尚南道金海市生林面馬沙里
654-4／경상남도 김해시 생림면 마
사리（生林面沙路473號街41
／마사로473번길 41）

☎ 055-333-6688

🕐 4至9月／09：00～18：00
10至3月／09：00～17：00
每整點發車。
紅酒洞窟營業時間／09：00～
20：00

💲 鐵道自行車2人₩16000、3人
₩19000、4人₩23000
紅酒洞窟每人₩2000
平日套票：自行車+紅酒洞窟兩
人₩16000（假日無套票優惠）

🌐 http://www.ghrp.co.kr/（韓）

🚖 洛東江鐵道自行車位在慶尚南道
金海市，距離釜山機場輕軌加耶
大站上方約15公里處左右，目
前交通有2種：

①搭釜山輕軌到加耶大站（삼계
역），2號出口轉60號公車，
下車地點是「낙동강레일파
크」，但公車約一小時才一班
次。如果選擇搭計程車車資約
₩20000～22000左右，車程
約20多分鐘。

②搭火車從釜山站到三浪津站
（삼랑진역）約半小時，出站後
再轉計程車，不跳錶約定價每
趟為₩7000，約5分鐘左右。

※ 飲酒過量有礙健康

處、貝里的覆盆子村、葡萄酒庭園。

列車造型的餐飲部保留了像火車中一樣的座位陳列，望著玻璃窗外的景色，會讓人有如坐在火車中的錯覺。隧道內部溫度全年低溫，溫度和濕度非常適合紅酒保存，因此便發展成紅酒洞窟，理所當然也有販賣酒，喜歡小酌的朋友可以在品酒區淺嚐這沁涼。繼續往下走是貝里的新鮮覆盆子村，走到底就是愛麗絲奇幻顛倒屋，推開門後就是隧道盡頭，需原路折返。廢棄不用的隧道經過精心改造，一掃又暗又黑的既定印象，廢棄的隧道也能有新用途，自然景觀加入觀光元素後激盪出很不一樣的火花，除了讓遊客享受騎乘自行車的健康活力，還能體驗鐵道的懷舊風情。到釜山除了享受美食、感受歷史文化、欣賞遼闊的海岸線之外，也可騎乘鐵道自行車，感受不一樣的釜山！

02 釜山慶南賽馬公園

| 江西區 | 夜間華麗的燈光慶典 | 경남경마공원 |

釜山慶南賽馬公園是為了支援2002年釜山亞運和地區經濟活躍化而建立的。

位於釜山、慶南交界處，有可容納三萬名觀眾的觀覽台及多樣化設施，週末有例行賽馬活動，此外還有生態公園、兒童乘馬場、全國最大規模的溜冰場和自行車等活動空間，兼具休閒與娛樂功能。

晚上搖身一變又成了變化莫測的夜間公園「一路美呀illumia（일루미아）」，五彩的華麗燈飾將夜晚點綴的繽紛燦爛，整點還有雷射燈光噴泉秀，讓人驚喜不斷！

INFO

慶南賽馬公園

🏠 釜山市江西區凡方洞1833/부산시 강서구 범방동1833（駕洛大路929/가락대로929）

📞 051-901-7114

🕐 09：30〜20：00

💲 週五至週日₩2000，非賽馬日可免費入場

🌐 http://park.kra.co.kr/busan_main.do（韓英）

illumia一路美呀夜間公園／일루미아

營業時間	日落〜24：00
入場費用	*平日（週一至週四） 成人（20歲以上）₩11000、青少年₩9000、小孩（36個月至國小生）₩7000 *假日（週五至週日） 成人（20歲以上）₩12000、青少年₩10000、小孩（36個月至國小生）₩8000
交通方式	*公車①沙上站（227、501）2號出口可搭1005前往，車程約35分鐘，車資₩1700，在「Let's run Park觀禮台（렛츠런파크관람대）」下車，會繞行至園區內。 *公車②下端站（102）3或4號出口可搭220、221前往，車程約20多分鐘左右，車資₩1900，在「Let's run Park 入口（렛츠런파크입구）」下車，即園區門口。 *計程車：下端站（102）至賽馬公園約10公里，車資約₩12000〜₩15000
官方網站	http://www.illumia.co.kr

03

伊甸園滑雪度假村

Eden Valley Resort　冬季特色休閒活動

　　釜山位於東南部，緯度較低，就算冬天也不易降雪，多半以人造雪居多。目前較近的滑雪選擇是與釜山市相鄰的慶尚南道梁山市滑雪度假村，冬天造訪可以看見多台人造雪同時運作營造出大雪紛飛的感覺。除了滑雪場之外還有溫泉、高爾夫球場、游泳池、公寓式酒店等，距離釜山約90分鐘車程，如果時間允許，適合待上兩天一夜。

INFO

⌂ 慶尚南道梁山市院東面魚實路1206
　（경상남도 양산시 원동면 어실로 1206）

📞 055-379-8000

🕐 每年滑雪季開放（約12月至3月初）

$ 需租借滑雪板、雪盆、手杖、雪衣、雪鞋等，費用依時段不同從₩54000～₩93000不等，住宿另計

🌐 http://www.edenvalley.co.kr（韓）

🚌 ①接駁：從釜山市區可搭接駁車抵達，但每年地點不同，出發前需事先預約。

　②火車：在釜山站搭乘無窮花號至三浪津站（삼랑진역），約半小時再轉計程車前往，車資約₩42000左右。

　③巴士：至沙上西部巴士站搭長途市外巴士到「梁山市外巴士站」，再轉公車（24）或計程車

鎮海軍港節櫻花季

慶尚南道
昌原市

被櫻花包圍的美麗城市 ｜진해군항제｜

「鎮海軍港節」一開始是為了紀念朝鮮時代率領水軍擊退日本的李舜臣將軍,後來日本殖民時期為了利用國花來轉移將軍深植民心的愛國情操,於是在鎮海大量種植櫻花樹。

光復之後原本應該被移除的櫻花樹,查證後發現原生地是韓國濟州島因此保留下來,從原本的10萬株發展至35萬株。鎮海除了是韓國海軍基地外,也因為櫻花獲得「櫻花城市」的美名。

每年在節慶期間,除了一連串的慶祝活動,海軍士官學校及海軍鎮海基地司令部(해군진해기지사령부)也會在這時候難得開放給民眾參觀。

（圖片提供：Amy Wu）

如何前往鎮海？

由於鎮海火車站已停止運行，前往鎮海需搭乘巴士，可從釜山、大邱前往；如果是從首爾出發，則是可搭乘KTX到馬山（或昌原）再搭公車轉往鎮海市區。

INFO

🏠 慶尚南道昌原市鎮海區鶯谷洞、中央圓環十字路口／경상남도 창원시 진해구 앵곡동,중원로터리등

📞 每年4/1～4/10

🌐 gunhang.changwon.go.kr

從首爾、釜山前往鎮海的方式

出發／抵達	交通方式
首爾⟷鎮海	KTX、高速巴士至馬山火車站，費用從₩20600～₩80000不等
釜山⟷鎮海	從釜山西部巴士站至鎮海，約90分鐘，₩5100

釜山⟷鎮海

	釜山出發／抵達	鎮海出發／抵達
停靠站點	沙上站（227）5號出口旁釜山西部巴士站（부산서부버스터미널）	鎮海市外巴士總站（진해시외버스정류장）
運行時間	06：00～22：00，每20分鐘一班	06：00～21：30
所需時間	約70分鐘	約70分鐘
所需費用	₩5100	₩5100
班次查詢	http://www.busantr.com	http://www.busantr.com/sub03/02.htm

※備註：釜山上下車站點另有西部外巴士停靠下端站（102）1號出口旁、老圃站（134）及東萊站（125或402）

首爾⟷鎮海

	首爾火車站（서울역）出發／抵達		馬山火車站（마산역）出發／抵達	
車　種	KTX	一般火車	KTX	一般火車
運行時間	05：05～22：15	約三班	06：47～21：10	約三班
所需時間	約3小時	約5小時	約3小時	約5小時
所需費用	₩50000～₩80000	₩24000～₩42000	₩50000～₩80000	₩24000～₩42000
備註事項	馬山火車站前廣場有公車站牌可轉乘。可搭760公車到鎮海火車站下車再轉往其他景點。 ※以上時間如有異動以官方公布為主。			

05 余佐川

粉紅色的浪漫天空 ｜ 여좌천 ｜

　　有「櫻花城市」之稱的鎮海，每到春季，櫻花遍布整座城市，美不勝收，這也是被推選為最美麗的賞櫻地區主要原因。而電視劇《羅曼史》主要拍攝取景地的余佐川，也因為播出後被稱作「羅曼史橋」，成為鎮海賞櫻必訪聖地，每年花季大批遊客慕名而來。

INFO

⌂ 慶尚南道昌原市鎮海區余佐洞／경상남도 창원시 진해구 여좌동

🚃 穿越面對鎮海火車站左側巷口，經過地下道即可看見余佐川木橋。或鎮海市區搭乘305、317號公車在余佐洞住民中心站下車。

（圖片提供：Amy Wu）

06 慶和站櫻花路

櫻花舞春風 | 경화역 벚꽃길 |

因為「鎮海軍港節」同時結合鎮海市區的櫻花盛開期，現今變成大規模的春季慶典。而慶和站原本只是位於慶尚南道鎮海市慶和洞的小型車站，每到櫻花季沿著鐵道兩旁生長、長約800公尺的櫻花主題火車站顯得絕美且壯觀。櫻花盛開的時候，在鐵道上漫步同時享受落櫻繽紛的唯美景致，浪漫極了！與安民山及鎮海余佐川橋被列為拍攝櫻花外景的最佳地點。

INFO

🏠 慶尚南道昌原市鎮海區鎮慶和洞一帶／
경상남도 창원시 진해구 진경화동 일대 (海大路648 /해대로 648)

📞 02-1330

🚌 鎮海軍站斜對面站牌，搭藍色307、309公車，在「慶和站」下車。

※此處仍是有火車運行，當有火車經過時，請務必留意列車警報音提示並聽從工作人員指揮。

大邱

大邱初體驗

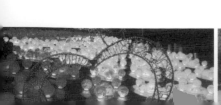

深度之旅

穿越古今、歷史巡禮

大邱中區一帶有很多知名巷弄，每條都著各自的特色與故事，讓遊客能漫步在各巷弄間體驗城市不同面貌。

大邱文化胡同 ｜ 근대문화골목 ｜

　大邱從朝鮮時期就非常熱鬧且具有商業規模，當時藥令市場具有重量級地位。韓戰爆發後只有釜山及大邱幸免於難，讓擁有悠久歷史的文物與遺跡因此得以保存。

　如今的大邱是韓國第4大城市，迷人的地方在於擁有現代的繁華，卻又保有傳統古樸氣息；樓林立的街道中又穿插著窄小巷弄，古今交錯傳統與現代兼容並蓄。中區屬大邱的精華地段，胡同文化更是不可錯過，大邱官方特別規劃了5條「大邱文化胡同（근대문화골목）」路線，可作為旅遊規劃行程時參考。

5大推薦路線

路線 1 慶尚監營達城路

慶尚監營公園→大邱近代歷史館→香村洞→北城路→警察歷史體驗館鐘路小學（崔濟愚之村）→達西門→三星商行→達城公園

路線 2 近代文化胡同路

東山青羅山坡→3.1萬歲運動路→桂山聖堂→李相和古宅、徐相敦古宅、桂山禮家桑樹胡同（杜師忠）→第一教會→藥令市韓醫藥博物館→嶺南大路→鐘路→長胡同→華僑協會（小學）

路線 3 時尚韓方路

珠寶城→校洞貴金屬街→東城路→南城路→（藥令市）西門市場

路線 4 三德鳳山文化路

國債補償運動紀念公園→觀音寺→三德洞文化街→金光石路（防川市場）→大邱文化財團（舊大邱倉庫）→鳳山文化街→大邱鄉校→斗笠岩

路線 5 南山百年思鄉路

半月堂→普賢寺→觀德亭→南山教會→尚德寺（文友觀）→聖游斯汀神學校→聖母堂→沙特爾聖保祿女修道院

🌐 各路線詳細說明官網：http://www.jung.daegu.kr/new/chinese/pages/tour/page.html?mc=6038

特色美食

大邱8味不可不嘗

大邱美食發展出許多條以食物為主題的街區，像是安吉郎烤腸街、東仁洞排骨一條街……等，在同個區域通通賣同樣的餐點創造聚集經濟，也方便讓喜愛美食的朋友不用東奔西跑，一次吃個夠！

1 薄皮餃子
납작만두

　　大邱的代表性小吃之一「薄皮餃子」扁扁的形狀是最大特徵，內餡倒是其次，反而是由外皮口感一較高下。每家餐廳手法略有不同，部份店家強調咬勁，有些則是呈現麵粉香。不論沾醬油或是搭配辣炒年糕、魚糕都各有特色。

2 刀削麵
손칼국수

　　由於韓國本地不產麵粉一直以都米飯做為主食。為了解決戰後物資貧乏，米食供應不足等問題，1970年代政府開始推動「麵食獎勵運動（혼분식장려운동）」，鼓勵以麵條來代替米食，成為大邱最常見的選項之一，所以到處都可發現刀削麵、烏龍麵等各種麵類製品。

3 燉排骨
찜갈비

　　1960年代左右，在東仁洞一帶興起將排骨切塊，與大蒜和辣椒粉一起調味放入鋁鍋中燉煮的作法。乍看雖然賣相欠佳但口味卻豔驚四座，簡單的蒜與辣椒就讓排骨變成進階美味！

4 烤腸
곱창구이

　　早期生活貧困，為了物盡其用，信手拈來就將內臟變成一道料理。70年代左右在安吉郎附近開起第一間烤腸店，後來越來越多演變成現今規模。各家業者從製作到醬料各有所長，且用煤炭、木炭、瓦斯等氣味也不盡相同，呈現出來的味道也非常多元。

5 炭火烤肉
연탄불고기

早期物資缺乏，在大邱北城洞小吃攤一帶開始被當作下酒菜。特色是淋上甜甜的醬汁搭配炭火燒烤，濃郁的香氣絕對讓人魅力無法擋！在大邱是炭火烤肉搭配烏龍麵是限定款組合。

6 炸雞
치킨

人見人愛的韓式炸雞一開始並不是朝鮮傳統食物，是在韓戰時受美軍影響，才開始有了西式作法，加上後來政府推廣體育活動，邊吃炸雞、啤酒，一邊欣賞運動賽事。在大邱每年七月甚至有「大邱炸雞啤酒節（대구치맥페스티벌）」，以最喜歡的國民美食結合音樂的熱鬧慶典。

7 紅豆麵包
통단팥빵

喜歡甜點的朋友到大邱可別錯過這裡的紅豆麵包，在中央路站與半月堂站中間聚集了幾家人氣麵包像是：三松麵包、起麵包匠人、近代胡同豆沙麵包、阿里郎紅豆麵包等，除了堅持傳統之外，也會不定期推出季節限定新口味。

8 麻藥玉米麵包
통옥수수빵

除了紅豆麵包之外，最有玉米麵包及烤可樂餅也同樣炙手可熱。香甜誘人的玉米麵包被譽為「麻藥麵包」，氣味濃郁有讓人一試上癮的魅力！而大邱美食的特色就是，獨樹一格的地區性，不僅美味也適合當早餐或點心。

出發去大邱

從大邱去其他城市…………204

大邱市區交通…………200

去大邱前要知道的事情…………198

去大邱前要知道的事情
氣候、機票、機場、換匯地點

大邱是大韓民國第4大城，現今以工業聞名包括紡織、冶金和機械，是韓國的「紡織重鎮」以及「時尚之都」。近幾年由於廉航直飛，逐漸發展為觀光城市之一，可以透過不同城市進出，玩遍韓國更多地方。

＊氣候：韓國最溫暖的地區

大邱氣候概況表

月份	1月	2月	3月	4月	5月.	6月	7月	8月	9月	10月	11月	12月
最高溫度	13	16	19	29	34	36	37	38	31	26	13	8
最低溫度	-8	-7	-3	2	8	13	21	17	13	13	3	-1
平均溫度	-2.5	-1	11	13	14	17	24	25	22	18	8	4
降雨天數	2	5	6	10	6	11	23	20	8	10	6	6

＊機票

進出方式	出發與抵達機場	航空公司
台灣／大邱直飛	桃園⟷大邱／大邱機場	德威、台灣虎航、釜航
	松山⟷大邱／大邱機場	德威
兩地城市進出／大邱進釜山出（反向亦同）	桃園⟷釜山／金海機場	釜航、濟州、台灣虎航
	松山⟷釜山／金海機場	釜航、濟州
	高雄⟷釜山／金海機場	釜航
兩地城市進出／大邱進首爾出（反向亦同）	桃園⟷首爾／仁川機場	酷航、易斯達、濟州、真航空
	松山⟷首爾／金浦機場	易斯達與德威
	高雄⟷首爾／仁川機場	濟州

※ 直飛進出票價從$3000～6000不等，不同城市進出單程從$1300～8000左右。（以上價格會因是否含託運行李重量以及淡旺季而有不同）

　想跨城市玩的旅客，可以先思考自己需要從哪兩個城市進出，選擇適合票價及航空公司。如：大邱進釜山出，可以選擇促銷票價如德威航空飛往大邱，再從釜山搭濟州航空回台灣。

＊機場介紹

大邱國際機場（Daegu International Airport／대구국제공항）

　　IATA代碼TAE，位於大邱的區域小型國際機場，國際線與國內線共用航廈。目前尚無輕軌或地鐵到市區，可搭公車或計程車轉乘。有來往台灣、日本、香港、大陸及東南亞等航班。

1F-抵達層：航空櫃檯、便利商店、換匯銀行、電信櫃檯、電子退稅、海關、觀光案內所

2F-離境層：出境管制（有分國際或國內線）、免稅商店、電子退稅

※電子退稅機器：1樓電子退稅機位於近一號出口（CU便利商店旁），於2樓入關後再操作電子退稅機取款（單筆消費未滿₩75000可自行操作，超過則需先至「大邱海關Daegu Main Customs（대구본부세관）」蓋章）

※銀行營業時間：平日08：30～16：30，以及另外有配合國際航班

※電信營業時間：06：00～21：00左右，便利商店營業時間：06：00～21：00

大邱機場國內線一覽

航空公司	飛行目的／班次	官方網站
大韓航空Korean Air（KE）	首爾仁川（每天二班）、濟州（每天三班）	www.koreanair.com
韓亞航空Asiana Airlines（OZ）	濟州（每天三班）	ea.flyasiana.com
釜山航空Air Busan（BX）	濟州（每天二班）	www.airbusan.com
濟州航空JEJU air（7C）	濟州（每天二班）	www.jejuair.net
德威航空t'way Airlines（TW）	濟州（每天五班）	www.twayair.com

大邱國際機場到市區有幾種方式：

1.從大邱機場搭公車到最近的地鐵峨洋橋站，再轉地鐵到目的地。	2.從大邱機場搭計程車到最近的地鐵峨洋橋站（아양교역），再轉地鐵。距離約一公里多，車資約₩3000。
3.從大邱機場搭計程車直接進市區，目的地如果是中央路站或半月堂站附近車資約₩12000左右	4.從大邱機場搭公車到市區，101、401可到中央路或半月堂站。

＊換匯：鎖定中央站2家換錢所

大信換錢所（DAESIN EXCHNAGE／대신환전소）

⌂ 大邱市中區公平洞9／대구시 중구 공평동 9（國債報償路125街6）

📞 053-431-6577

🕐 08：30～19：00（週日公休）

🚇 地鐵中央路站3號出口，迴轉看到YOUNG PLAZA路口左轉，過3個看到富特飯店NOVOTEL，位於飯店對面

大美換錢所（대미환전소）

⌂ 大邱市中區田洞33／대구시 중구 전동 33（國債報償路566／국채보상로 566）

📞 053-254-8070

🕐 09：00～18：30（週日公休）

🌐 exchange.itrocks.kr

🚇 地鐵中央路站地下街2號出口直走即可看到。

大邱市區交通
地鐵、公車、觀光巴士

屬於新興景點的大邱，目前共有3種交通方式，分別為地鐵、公車、巴士，前往大邱玩的旅客可以針對自身需求與預算選擇不同的交通工具，來讓旅途更加順暢

＊地鐵

大邱地鐵目前共有3條線，市區採所有區間均一票價制。主要交會點就是中心的半月堂。觀光客較常利用的站點除了半月堂站之外還有中央路站、大邱站、西門市場等。由於目前大邱地鐵站內的加值機器，只接受大邱當地交通卡的儲值，

剛到大邱手邊還沒有任何交通卡的朋友，可在大邱國際機場一樓CU便利商店購買交通卡與儲值，而一般的T-money、Cashbee的交通卡不能在站內加值，必須到有支援系統功能的便利商店加值。

Android系統可下載「T-money餘額查詢」，即時查詢卡片餘額。

地鐵費用

年齡	單程票	交通卡
成人（15～65歲）	₩1400	₩1250
青少年（13～18歲）	₩1400	₩850
兒童（6～12歲）	₩500	₩400

※營業時間：05：30發出首班車，大約23：30開始會陸續發出末班車結束行駛（P.54）。
※各路線稍有不同，詳見時刻表http://www.dtro.or.kr/china/info/info01.html
※地鐵搭乘方式可參考「出發去釜山」的「用地鐵玩遍釜山」篇章（P.54）

腳踏車服務

大邱地鐵部分站點有提供腳踏車免費租借服務，可多加利用，部份飯店或民宿業者也有提供腳踏車租借，費用為每日 4000不等。

1號線：大谷、辰泉、月背、嶺大醫院、明德、東大邱、肯高蓋、峨洋橋、東村
2號線：汶陽、多斯、江倉、啟明大、城西工團、梨谷、龍山、甘三、慶大醫院、大邱銀行、晚村、大公園、新梅等站

租借方式	抵押護照
所需費用	免費
服務時間	夏季06：00～20：00，最晚須於當日晚上10點前歸還。 冬季06：00～18：最晚須於當日晚上8點前歸還。
注意事項	不可過夜、需於同站出借歸還。
官方網站	http://globaldaegu.blogspot.tw/2017/08/free-bike-rental-in-daegu-korea.html

大邱地鐵如何購票？

購買單程票
Single Tickets

〉〉

STEP
1
至販售單程票自動售票機

STEP
2
選擇中文操作介面

STEP
3
選擇張數

STEP
4
投入紙鈔

STEP
5
取票

交通卡加值
Add Value
Machine

〉〉

STEP
1
至自動加值機

STEP
2
選擇中文操作介面

STEP
3
放入交通卡選擇欲加值金額

STEP
4
投入紙鈔加值完成

•小提醒
由於目前大邱地鐵站內加值機只接受大邱當地交通卡儲值，持T-money、Cashbee的朋友必須到7-11、CU、GS25等有支援系統功能的便利商店加值喔！

＊公車

大邱公車可分為市內公車（시내버스）**與急行巴士**（급행버스）
使用交通卡搭乘地鐵轉乘公車可於30分鐘內享有一次的轉乘優惠，但如果轉乘急行巴士則須收費。

公車費用

年齡	市內公車		急行公車	
	單程票	交通卡	單程票	交通卡
成人	₩1400	₩1250	₩1800	₩1650
青少年	₩1000	₩850	₩1300	₩1100
兒童	₩500	₩400	₩800	₩650

※以上資料僅供參考，如有異動請以最新公告為準。
　因為有轉乘優惠，使用交通卡上下車時請都記得都要刷卡

大邱公車內部與公車站牌

＊觀光巴士

大邱城市觀光巴士
DAEGU CITY TOUR－主題路線

規劃了6條主題路線，以主題式串連大邱不同景點，每月實際開放路線與時間，會提前公佈於官網供旅客報名付款。如未事前預約行程，則視當天狀況決定是否接受現場報名。

所需費用：₩5000／每人
運行時間：09：30～17：00
　　　　　（每週一、元旦、中秋及農曆春節公休）
乘車地點：地鐵2、3號線新南站2號出口、地鐵1號線東大邱站城市觀光乘車處
搭乘時間：新南站09：30，東大邱站10：00 城市觀光站台
預約專線：大邱廣域市觀光協會053-627-8900或是請「觀光諮詢中心」協助，亦可E-mail預約 daegutravel@naver.com

大邱城市觀光巴士
DAEGU CITY TOUR DOUBLE DECKER BUS－市區循環路線

與前者不同的是，市區巡環路線是雙層露天巴士。

所需費用：₩5000／每人，當日可不限次數搭乘
營運時間：09：30～18：40，一日12個班次 （每週一、中秋及農曆春節公休）
乘車地點：東大邱火車站前城市觀光乘車處為首站，各站皆可自由上下車
購票方式：各站點皆可直接上車購票

青羅巴士
（청라보스）－大邱中區景點

與前面兩者不同之處為市區中區循環路線，共停靠8個站點。

所需費用：₩3000／每人，當日可不限次數搭乘
營運時間：10：00～17：45，每天有7個班次
搭乘地點：鄉村文化館對面、前大邱車站收費停車場前
購票方式：直接向司機購買

大邱觀光巴士比較表

種類	大邱城市觀光巴士 DAEGU CITY TOUR	大邱城市觀光巴士DAEGU CITY TOUR DOUBLE DECKFR BUS	青羅巴士청라보스
運行時間	09：30～17：00	09：30～18：40	10：00～17：45
區別	6條路線	雙層巴士循環路線，12班次、14個景點	中區循環路線，7班次、8個景點
官網	http://ch.daegucitytour.com/index.php	http://daegucitytour.dgsisul.or.kr/chi/index.php	http://alleybus.jung.daegu.kr/cha/index.php

從大邱去其他城市
跨城市旅遊，打造不一樣的回憶

由於廉價航空價格相對親切，買到便宜機票可不同點進出，一次暢玩韓國不同城市不僅省時又能更加盡興。如果要大邱以外的城市，有國內班機（大韓）、火車以及巴士等選擇。

＊飛機

方式	出發	抵達	出發時間	所需時間	費用
飛機	金浦機場	大邱機場	首班07：55 末班19：25	約60分鐘	₩85200起
	大邱機場	金浦機場	首班06：55 末班16：45		

＊火車與巴士

大邱地區兩個火車站，分別是大邱站（대구역）與東大邱站（동대구역）。

韓國鐵路採「直通運行」的方式，相同路線會有不同車種行駛，乘客的選擇更多元。

韓國鐵道公社（KORAIL）營運的車種有KTX、KTX-山川（Sancheon／산천）、ITX-新村號（Saemaul／새마을）、新村號、無窮花號（Mugunghwa／무궁화）……等，各車種的速度與票價皆有差異。而行駛至大邱的車種有KTX、新村號、無窮花號三種。巴士部分則可以參照每一個不同的巴士站點來規劃旅程。

方式	出發	抵達	出發時間	所需時間	費用
KTX	首爾站	東大邱站	首班05：05 末班23：00	約111分鐘	₩43500起
	東大邱站	首爾站	首班06：00 末班23：40		
	釜山站	東大邱站	首班06：15 末班22：50	約55分鐘	₩17100
	東大邱站	釜山站	首班06：58 末班23：49		

火車	首爾站	東大邱站、大邱站	首班04：25 末班23：50	新村號約3小時30分鐘 無窮花號約4小時10分鐘	新村號 ₩26700～₩31400 無窮花號 ₩17900～₩21100
	東大邱站、大邱站	首爾站	首爾06：00 末班22：50		
	釜山站	大邱站	首班05：10 末班21：45	新村號約80分鐘 無窮花約100分鐘	新村號 ₩9700～₩11400 無窮花號 ₩6500～₩7700
	大邱站	釜山站	首班06：59 末班23：45		
巴士	首爾高速巴士站	東大邱綜合換乘中心	首班06：00 末班21：30 深夜22：00～01：30 （反向亦同）	約3小時30分	一般₩17000 優等₩25200 深夜₩27700
	東首爾巴士站	東大邱綜合換乘中心、西大邱	首班06：00 末班20：00 深夜22：00～23：10 （反向亦同）	約3小時30分	一般₩17200 優等₩25400 深夜₩27900
	釜山綜合巴士站	東大邱綜合換乘中心	首班06：25 末班21：30 深夜22：30 （反向亦同）	約70分鐘	一般₩6700 優等₩9700 深夜₩10600

註：大邱為東大邱上一站，東大邱站有KTX、新村號、無窮花號停靠；大邱站為新村號、無窮花號停靠。
※以上資料僅供參考，如有異動請以最新公告為準。

大邱、釜山、首爾各大巴士轉乘站

站名	説明
東大邱綜合換乘中心	大邱地鐵東大邱站（135）3號出口直走到底即可抵達東大邱綜合換乘中心（동대구역복합환승센터）
西大邱高速巴士站（萬坪站）	大邱地鐵萬坪站（323）1號出口過馬路至對面即是西大邱高速巴士站（서대구고속버스터미널）
釜山綜合巴士站（老圃站）	釜山地鐵1號線老圃站（133）3號出口連接釜山綜合巴士客運站（종합버스터미널）
釜山西部巴士站（沙上站）	釜山地鐵沙上站（227）5號出口、輕軌沙上站（501）1或2號出口可步行到釜山西部市外巴士站（부산서부버스터미널）
首爾高速巴士站	首爾地鐵高速巴士站（339／734／923），1號出口京釜線方向
東首爾綜合巴士站	首爾地鐵2號線江邊站（214），4號出口對面大樓即是東首爾綜合巴士站（동서울종합터미널）

高速巴士>>https://www.kobus.co.kr/main.do（中英日韓）
市外巴士>>https://txbuse.t-money.co.kr/main.do（中英日韓）
※以上資料僅供參考，如有異動請以最新公告為準。

開始玩大邱

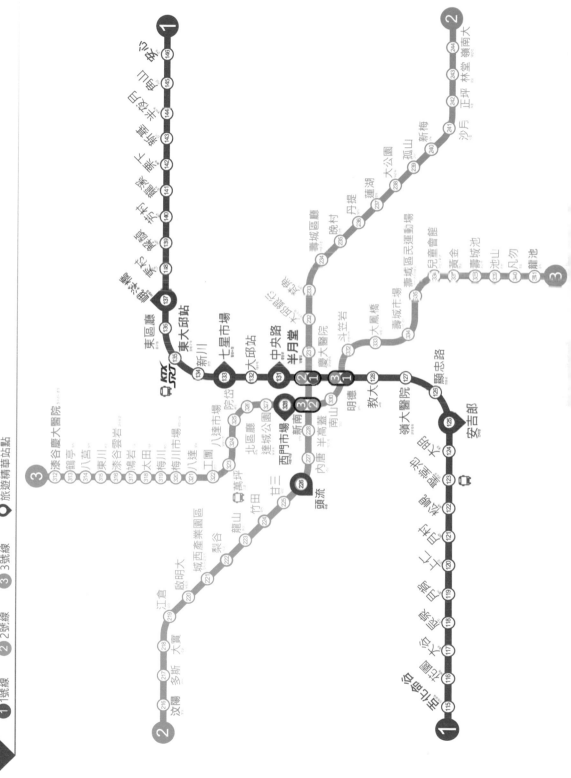

大邱地鐵路線圖 DAEGU Subway Map

D 旅遊精華站點

1 1號線　2 2號線　3 3號線

133 七星市場站

| 北區 | 在地生活市集 | 칠성시장역 |

七星市場站位於大邱第二大傳統市場旁，這裡供應日常生活各式用品，非常多元化。簡單區分：1號出口方向為蔬果市場，2號出口方向為五金雜貨店鋪，3號出口為家具市場。在熟食巷弄內可以探索在地口味的生活美食，也有文具玩具街，很可能忍不住就童心噴發手滑了……。各種旅行的樂趣，等你來一探究竟。

美食 常客食堂 | 단골식당 |

市場裡的星級烤肉飯

市場裡總是有很多在地美味值得探索，這家隱身在市場裡的小餐館，只有提供烤豬肉片及烤牛肉片定食，卻也是《白鍾元的三大天王》大推的美食餐廳。

用炭火大烤的簡單滋味香氣十足，豬肉定食肉片肥瘦比例適中，甜中帶鹹足以讓人一口接一口。平價又有口碑，難怪一到吃飯時間總是大排長龍。

INFO

⌂ 大邱市北區七星洞1街92／대구시 북구칠성동1가 92 (七星市場路7街9-9／칠성시장로7길 9-9)

☎ 053-424-8349

⏱ 平日08：30～21：30、假日至21：00 (售完提早打烊)

💲 烤豬肉돼지불고기₩5000、烤牛肉스불고기₩7000

☺ 可1人用餐

🚌 地鐵七星市場站2號出口，出來後過馬路後即可看到市場，第1個橫向路口左轉，位在巷口左手邊第2家。

※每個月第2、4個禮拜三公休

七星市場 | 칠성시장 |

購物

市區大規模傳統市場

　　位於大邱七星洞的七星市場成立於1946年，和西門市場一樣是大邱最大規模的傳統市場，由蔬果、水產、花卉、家電、家具……等組成的綜合市場，另外也有以肉類熟食巷弄，與西門較不同的是，這裡非常傳統、在地，是居民日常生活中不可或缺的場景，兼具傳統與現代氣息。想體驗在地生活嗎？就從市場開始吧！

INFO

🏠 大邱市北區七星洞1街／대구시 북구 칠성동1가（**七星市場路28** ／ 칠성시장로 28）

📞 053-424-5599

🕐 07：00～19：00

🚇 地鐵七星市場站2號出口過馬路直走。

七星市場文具玩具街 | 칠성시장 문구 완구거리 |

童心噴發！輕易擄獲孩子心

　　首爾有個讓孩子尖叫聲不斷的昌信洞文具玩具綜合市場，大邱則是有個七星市場文具玩具街，約一百多公尺的街道上，聚集十多家商店。裡面有各種孩子喜愛的文、玩具。經典款像是漫威英雄、芭比娃娃、各種積木……到時下最流行的指尖陀螺、KAKAO FRIENDS等，通通應有盡有，要小心荷包失守。

INFO

🏠 大邱市北區七星洞1街／대구시 북구 칠성동1가（七星南路200 一帶／칠성남로200　）

🕐 09：00～18：00（大約，各店不一）

達人帶路

東仁洞排骨一條街
大邱代表鄉土美食

　　燉排骨是大邱的代表美食之一，東仁洞排骨一條街聚集了約十來家的排骨餐廳，其中有三家名氣特別響亮。分別是最資深的樂榮燉排骨、鳳山燉排骨、喜笑顏開。樂榮燉排骨是開業40多年的老店，牛排骨蒸好後再加入辣椒粉和大蒜，帶點咬勁且非常入味。醬汁濃郁非常適合拌飯，或可學學在地人吃法：生菜包肉、大蒜、小菜、白飯然後一口塞，各種味道在嘴裡散逸開來，也難怪會是大邱必嚐美食。

INFO

🏠 大邱市中區東仁洞1街 297-1／
　대구시 중구 동인동1가

💲 辣蒸排骨찜갈비₩18000、韓牛
　辣蒸排骨한우찜갈비₩28000

🚇 地鐵七星市場站3號出口右轉直
　走，過地下道後於第一個大馬路
　口左轉，接著往S-Oil對向巷內
　直走即可抵達。

※可依個人口味調整辣度（辣度：
　不辣인매운、小辣보통맛、中辣매
　운맛、大辣아주매운）

樂榮燉排骨
／낙영찜갈비

📞 053-423-3330
🕙 10：00〜22：00
🍽 可1人用餐
🌐 www.nakyoung.com

鳳山燉排骨
／봉산찜갈비

📞 053-425-4203
🕙 10：00〜22：00
🍽 可一人用餐
🌐 樂榮燉排骨對面

喜笑顏開（樂呵呵）
／벙글벙글 찜갈비

📞 053-424-6881
🕙 10：00〜22：00
🍽 可一人用餐
🌐 看到樂榮燉排骨後繼續往前走，遇
　到橫向路口左轉，位於左手邊。

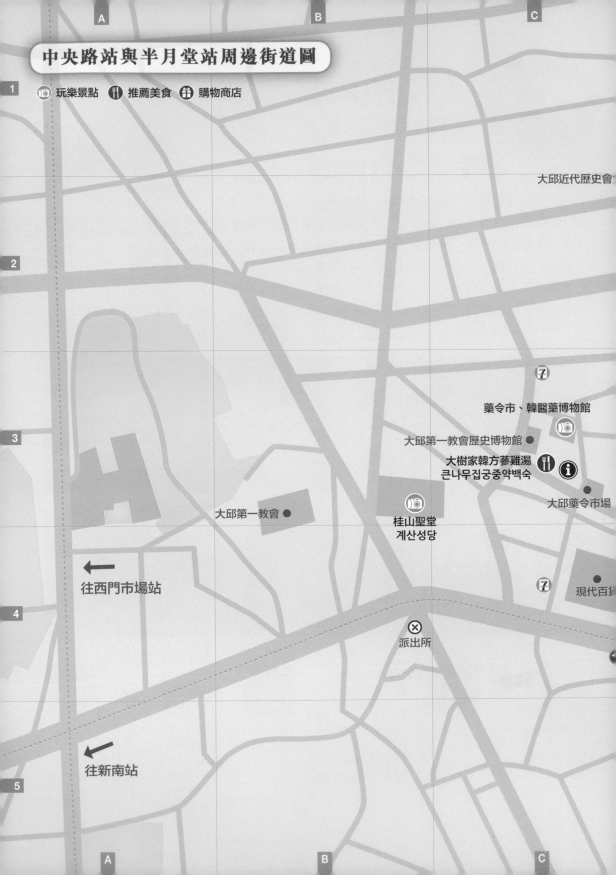

中央路站與半月堂站周邊街道圖

◎ 玩樂景點　🍴 推薦美食　⊞ 購物商店

大邱近代歷史會

藥令市、韓醫藥博物館

大邱第一教會歷史博物館 ●

大樹家韓方蔘雞湯
큰나무집궁중약백숙

大邱藥令市場

大邱第一教會 ●

桂山聖堂
계산성당

現代百貨

← 往西門市場站

派出所

← 往新南站

往大邱站

D

香村文化館
향촌문화관

東亞百貨

慶尚監營公園
경상감영공원

3
4

樂天YOUNG PLAZA

131 中央路站
중앙로역

大邱大使
富諾特酒店

7

7

7

KFC
7

1 **2**

大賢地下商街

7

東城路
동성로

大邱百貨

2.28紀念
中央公園

珂琲無我cafe mu-a
카페무아

三松麵包
삼송빵집

中和飯店
중화반점

咖啡巷弄

ZARA

ABC MART

美都茶房
미도다방

SPAO

ARTBOX

時尚街

KUKU ONA
쿠쿠오나

咖啡名家
커피명가

咖啡名家
커피명가

喜來稀肉
서래갈매기ㄴ

7

入口

7

派出所

亞
百
貨

廉賣市場、珍味煎餅
염매시장、진미찌짐

ABC MART

15

7

起麵包匠人豆沙包
빵장수단팥빵

俱樂部巷弄

16

14

13

半月堂站
반월당역

21

12

230

11

7

22

7

10

半月堂地下商店街
Metro Center
메트로센터지하상가

4
3

5

6 **7** **8**

9

130 半月堂站
반월당역

Metro plaza
地下商店街

1 **2**

往慶大醫院站

D **E** **F**

131 中央路站

| 中區 | 市中心繁榮商圈 | 중앙로역 |

中央路站位於大邱站與半月堂站中間，鄰近東城路，兩站間是大邱最繁榮精華區域，偏好逛街購物、享受美食小吃、外幣換匯等，都可在東城路商圈完成。對於初來乍到的朋友，建議可投宿中央路站與半月堂站間交通較為方便。

 玩樂 **慶尚監營公園** | 경상감영공원 |

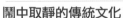
鬧中取靜的傳統文化

這裡是四百多年前慶尚監營舊址，「監營」是指朝鮮時期的地方衙門，其中的宣化堂是慶尚道觀察使處理公務的地方，而澄清閣則是官員們的住所。特定時間會友守門軍換崗儀式、衛兵遊行以及傳統遊戲，重現朝鮮時代韓國宮廷文化。

INFO

🏠 大邱市中區布政洞21／대구시 중구 포정동21（慶尚監營街99／경상감영길 99）

📞 053-254-9404

🚇 地鐵中央路站4號出口左轉，經過2個橫向路口位於右手邊。

📍 D,1

※換崗儀式：5～6月、9～10月，每週六13：00～16：00

玩樂 香村文化館　| 향촌문화관 |
重現五〇年代舊時風情

這裡原是大邱在1912年成立的首家銀行─鮮南銀行舊址，2014年為了保存大邱老城區的樣貌，後來改建成文化展示空間。香村洞是舊時商業中心，因此茶坊、音樂廳林立，後來成為不少音樂家、畫家等躲避戰亂的聚集地。1、2樓呈現五〇年代左右的生活樣貌；3、4樓則是大邱文學館，展示近代文學。

在這裡除了重現往日生活風情之外，也有提供舊時校服、警察制服以及傳統韓服等，讓大家一邊拍照、一邊認識曾經的繁華。來到大邱，如果想深度了解大邱的過去、歷史與生活，那麼不妨走一趟的香村文化館，相信會給你不一樣的大邱印象。

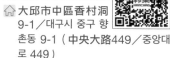

INFO

🏠 大邱市中區香村洞9-1／대구시 중구 향촌동 9-1（中央大路449／중앙대로 449）

📞 053-661-2331

🕐 4～10月09：00～19：00
11～3月09：00～18：00（每週一、中秋、元旦及春節休館）
解說時間：11：00、14：00、16：00

💲 成人₩1000、青少年₩500，七歲以下免費入場

🌐 http://hyangchon.jung daogu.kr/chn/（中英日韓）

🚇 地鐵中央路站4號出口，經過2個路口後左手邊。

📍 D,1

美食 珂琲無我cafe mu-a　| 카페무아 |
結合傳統與現代的創意韓食

位於巷弄裡的珂琲無我因為獨特的空間而聞名，外觀看起來極具現代感，內部則是結合傳統韓屋的裝潢設計，二樓挑高空間懸掛著韓屋包廂令人嘆為觀止。餐點有韓式定食、各種單點料理以及傳統茶飲、點心，在這裡可品嚐到宮廷拌飯以及特製的韓式料理，視覺或味覺都是創新感受，到這裡可體驗與眾不同的韓食饗宴。不論單純喝咖啡吃點心或是品嚐創新韓式料理，都是很棒的選擇之一。

INFO

🏠 大邱市中區鐘路2街2-1／대구시 중구 종로2가 2-1（鐘路38-1／종로 38-1）

📞 053-255-4717

🕐 11：00～24：00

💲 荷葉飯착한연잎밥₩12000、宮廷拌飯궁중비빔밥₩10000，另有韓食套餐₩20000～₩40000(八至十道料理)，低消為三人份起跳。飲料₩6000起。

😊 可1人用餐

🌐 http://0532554717.modoo.at/（韓）

🚇 地鐵中央路站1號出口左轉，第1個大馬路左轉，位於左手邊，步行約2分鐘內。

📍 D,3

美食 半月堂炸雞 ｜반월당닭강정｜

羽量級隨身杯‧美味帶著走

　　到韓國想吃炸雞，但整隻份量太多無法消受的話，也有獨享杯可以選擇！這家專門做調味炸雞，以及先炸再拌炒的年糕。調味炸雞則是先將雞肉炸得酥脆後再加上特調醬料，有別於原味的鹹香，調味的特色就是甜中帶辣，忍不住讓人一口接一口！

中央路店　半月堂店

INFO

🏠 中央路店：大邱市中區南一洞 143-1／대구시 중구남일동 143-1（中央路站地下街C8店面）

📞 053-252-0401

🏠 半月堂店：大邱市中區達句伐大路2100／대구시 중구 달구벌대로2100（半月堂站地下街C107）

📞 053-257-0048

🕙 10：00～23：00

💲 獨享杯싱글컵，炸雞&年糕₩2000、炸雞₩3000

※釜山分店：釜山市昌善洞1街（南浦洞面對Y'Z PARK右邊巷口）

玩樂 寫真街 ｜사진거리｜

來張韓式大頭照吧！

　　韓國人對於門面非常要求，對於照片更是講究，不同用途照片的背景與表情要求也所不同，一般證件、求職、社員照也有所區別，從臉上的妝髮、笑容、服裝、燈光……對於細節相當鉅細靡遺。有機會到韓國不妨體驗試試，來張體面的證件照！

INFO

🏠 地鐵中央路站地下街12號出口方向下去即可看到

🕙 11：00～21：00（大約，各家不一）

💲 一般件照片일반증명₩12000
　護照照片여권비자₩12000
　求職照片취업증명₩15000
　情侶寫真커플사진₩8000（每人）
　友情寫真우정사진₩8000（每人）
　專業寫真프로필사진₩15000
　禮服寫真드레스촬영₩12000（每人）
　韓服寫真한복촬영₩10000（每人）

美食 中和飯店 | 중화반점 |

飄香60年的獨門口味

專門販售改良後的韓式中華料理，營業至今已超過60年，各種飯麵以及常見的中式料理，而炒烏龍麵、炸醬麵、糖醋肉是招牌菜，更是大邱人一致認為好吃的平民美食餐廳，《白鐘元的三大天王》節目都曾造訪。帶辣椒味的湯汁裡面放入烏龍麵、海鮮、蔬菜，接著用大火快炒，麵條完全吸附後且帶有快炒後的鍋香，香氣十足又順口，可說是大邱限定的日式烏龍麵。

INFO

🏠 大邱市中區南一洞92／대구시중구 낙일동 92（中央大路404-11／중앙대로 406-12）

📞 053-425-6839

🕐 11：30～21：00，每個月第2、4個週一公休

💲 炒烏龍麵특미야끼우동₩9000、炒碼麵짬뽕₩6000、炸醬麵간짜장₩5000、糖醋肉탕수육₩16000

🍽 可1人用餐

🚇 地鐵中央路站2號出口直走，過兩個橫向路口後左轉即可看到，位於右邊。

📍 D,3

購物 東城路 | 동싱로 |

購物指標精華地段

擔心大邱沒有地方好逛街購物嗎？其實大邱也有等同明洞購物商圈的精華地段，那就是位於中央路站附近的東城街，鄰近大邱百貨，還有半月堂地下商店街以及大賢地下商店街，跟著地鐵延綿連接，佔地極廣。周圍都是適合年輕人的美妝商店、流行服飾、各種美食、影城……應有盡有，充滿時尚活力！

INFO

🏠 大邱市中區東城路2街一帶／대구시 중구 동성로2가 일대（東城路／동성로）

🚇 11：00～22：00（大約，各店不一）

📍 E,2

131 半月堂站

中區 大邱繁華都心 | 반월당역 |

半月堂站位於大邱地鐵1號線和2號線的交匯處，從朝鮮時期就是繁榮的商業中心，附近有藥令市集、桂山聖堂以及舊第一教會。除了交通方便之外，還有現代百貨、東亞百貨、各種巷弄胡同以及地下商店街（Metro Center），文化交織、古今並存，賞景、逛街、購物享受美食吃喝玩樂都能一次滿足。

美食 起麵包匠人豆沙包

빵장수단팥빵　爆漿鮮奶油紅豆麵包

　　說到大邱美食，其中一項肯定是紅豆麵包！從大邱發跡的麵包名店「起麵包匠人豆沙包」在韓國陸續開了不少分店，可說是另類的大邱之光了！起麵包匠人紅豆包的烘焙特色就是用恆溫長時間自然發酵的老麵糰，裝入軟嫩的紅豆餡以及滿滿的鮮奶油，兩者搭配的恰到好處，奶香十足綿密不油膩，冰涼的口感大口咬下，真的很滿足！

INFO

🏠 大邱市中區南城路94-1／대구시 중구 남성로 94-1（鐘路13/ 종로 13）

📞 053-424-8009

🕐 08：00～22：00

💲 ₩2000～2500之間，最熱門的產品為鮮奶油紅豆麵包생크림단팥빵 ₩2500

🚇 地鐵半月堂站15號出口直走，位於廉賣市場入口旁

📍 D,4

玩樂 桂山聖堂　| 계산성당 |

大邱最早西洋建築

　　桂山聖堂是韓國嶺南地區第一座哥德式教堂，與首爾明洞聖堂和全州殿洞聖堂並列為韓國三大教堂。

　　1889年初建時採用傳統木製結構，　年後為祝融付之一炬，現在看到的是1902完工，為大邱最早的西式建築。桂山聖堂的建立代表著天主教正式入駐，在當時具有宗教重大意義。如今，宗教色彩雖然已漸淡，但儼然成為大邱著名的地標之一。

INFO

🏠 大邱市中區桂山洞2街71／대구시 중구 계산동2가71 （서성로20／西城路20）

📞 053-254-2300

🕐 平日14：00～17：00、假日13：00～15：00

🚇 地鐵半月堂站18號出口直走，經過4個橫向路口後右轉即可看到

📍 B,3

※桂山聖堂為天主教，隔街對望的大邱第一教會（대구제일교회）為基督教。

購物 半月堂地下商店街Metro Center

| 메트로센터지하상가 | 　　大邱市區購物精華地段

　　地鐵中央路站與半月堂站位於大邱的心臟地帶，中央路站附近有東城路商圈；而半月堂站附近有現代百貨、東亞百貨以及大邱百貨。Metro Center與地鐵站相連，沿著半月堂站可説是最熱鬧的地下商店街，有各式流行服裝、鞋子、美妝用品、手機、家居用品以及各式小吃像是半月堂炸雞、飯捲天國等，吃喝玩樂應有盡有，如果遇到雨天是極佳備案。

INFO

🏠 大邱市中區德山洞88／대구시 중구 덕산동88 （達句伐大路地下2100／달구벌대로지하 2100）

📞 053-428-8900

🕐 10：00～22：00 （每月第一個週一公休）

🚇 地鐵半月堂站5或12號出口方向地下街。

📍 D,5

※地下商店街主要位於B2，幾家餐廳位於B1

美食 廉賣市場、珍味煎餅 | 염매시장、진미찌짐 |

傳統市場銅板美食

　韓戰後因為地利之便而成立的傳統市場已經有50多年的歷史，當時交易價格較其他市場便宜而往來熱絡。現今200公尺左右的距離約有50多家餐廳跟店鋪，販售傳統糕餅、蔬菜水果、魚貝類等。位在在市場入口左方的珍味煎餅有多種款式，特別的是還有以酒入味的煎餅，一份₩1000韓幣就吃得到！

INFO

⌂ 大邱市中區桂山洞2街266-1／대구시 중구 계산동2가 266-1（鐘路11-1／종로 11-1）

☏ 053-253-5370

🕙 10：00～20：00（大約）

💰 煎餅찌짐、綠豆煎餅빈대떡、高粱煎餅수수전皆₩1000、炸物튀김₩700、魚板어묵₩500

🍴 可1人用餐

🚇 地鐵半月堂站15或16號出口出來後左轉，步行約十公尺左右即可看到。

📍 D,4

美食 三松麵包 | 삼송빵집 |

人氣玉米麵包

　1957年開業至今正好滿60年的三松麵包，香甜誘人的玉米麵包被譽為「麻藥麵包（마약빵）」，表皮是菠蘿麵包的奶酥，內裡每一口都咬得到鮮甜玉米粒，有讓人一試上癮的魅力！另外可樂餅內餡飽滿也是招牌。總店在2016年榮獲藍緞帶殊榮（Blue Ribbon Survey／블루리본 서베스），也因為好口碑現在已發展成全國都有連鎖店，千萬別錯過這大邱老字號人氣麵包！

INFO

大邱總店/본점

⌂ 大邱市中區東城路3街7-6／대구시 중구 동성로3가 7-6（中央大路395／중앙대로395）

☏ 053-254-4064

🕙 08：30～21：00

💰 ₩1600～2500之間，最熱門的產品為玉米麵包통옥수수빵₩1600

🌐 http://www.ssbnc.kr/

🚇 地鐵半月堂站14號出口左轉直走，經過2路口位在GS25旁；或地鐵中央路站1號出口直走，第1個大馬路口旁。

📍 D,3

美食 咖啡名家 | 커피명가 |

SNS超夯名店

　　咖啡名家是從大邱發跡的連鎖咖啡廳，目前全國約15家門市。招牌是新鮮草莓磚蛋糕，屬季節限定，在草莓盛產期才吃得到。但其實優質的還有手沖咖啡，最受歡迎的咖啡單品是「名家奇諾」，在咖啡上面鋪著滿滿的鮮奶油，柔滑香濃。如果造訪大邱時非草莓產季，來杯特色咖啡也很不錯！

本店　　2店

INFO

半月堂店／반월당점

🏠 大邱市中區東城路3街51／대구시 중구 동성로3가 51（南城路／남성로 58-1）

📞 053-252-0892

🕐 11：00 23：00

🌐 http://www.myungga.com/index.html

🚇 半月堂站附近有兩家，從14號出口直走，第1個十字路口左轉，步行時間約3分鐘內。本店稍遠，10號出口直走看到CU超市左轉，第2個橫向路口再左轉，位於右手邊2樓，步行時間約10分鐘。

📍 本店F,4／2店D,4

美食 美都茶房 | 미도다방 |

穿越時空復古味

　　自從咖啡普及後，傳統茶坊逐漸被取代。位在長胡同中的美都茶房開業至今已超過三十年，店裡的擺設有著濃濃的古調風情，延續著傳統茶坊精神，可說是大邱長輩們的心頭好。有機會到這裡坐坐不妨試試韓方茶，像雙和茶是以9種漢方熬煮而成，口味濃郁，另外附上經典款零嘴，感受八〇年代復古氣氛！

INFO

🏠 大邱市中區鐘路2街85-1／대구시 중구숭로2가85-1（長胡同街14／진골묵길14）

📞 053-252-9999

🕐 09：30～22：00（中秋、農曆春節公休）

💲 雙和茶쌍화차₩4000、藥茶약차、人蔘茶인삼차₩3000起

🚇 地鐵半月堂站15或16號出口出來後左轉，經過大十字路口後，進入右邊一條小斜巷，再經過2橫巷即可看到。

📍 D,3

※孕婦不建議飲用雙和茶

美食 KUKU ONA | 쿠쿠오나 |

色彩交疊的漸層美感

近似U:DALLY的甜蜜夢幻風，但目前是大邱限定，且只有兩家門市。鐘路店位於半月堂站旁，以雙層老舊的房舍改建，爬上陡峭的階梯，二樓用餐空間夾雜著破損磚牆、可愛壁畫呈現Vintage風格。這裡提供讓少女們為之瘋狂的漸層飲料、咖啡、蛋糕及甜點，不論拍照或用餐，都能坐上一下午。

INFO

鐘路店／종로점

🏠 大邱市中區鐘路2街92-2，2F／
대구시 중구 종로2가 92-2，2
（鐘路18／종로 18）

📞 053-421-9954

🕐 11：00～22：00

💲 飲料價格約₩2900～5900不等

🚇 地鐵半月堂站15號出口直走，
經過第1個大十字路口後，位於
斜巷前右手邊。

📍 D,4

藥令市、韓醫藥博物館 | 약령시、한의약박물관 |

獨特韓醫藥文化

　　靠近東城路商圈旁的藥膳一條街（藥膳胡同）開始，可以感受空氣中瀰漫著淡淡的藥材香氣！韓國傳統醫學極具民族特性，至今韓醫藥博物館週邊還有上百家藥材商店。每年五月的藥令市文化節，更是大邱知名慶典。

　　大邱藥令市是朝鮮時期孝宗（1958）下令成立的專門市場，逐漸發展成全國前3大藥材專門市場。1993年成立的「藥令市韓醫藥博物館」，可以透過不同的展示空間一次看遍約350多年來的演變。三樓不僅展出上百中珍稀藥材，同時可一窺傳統藥令市的形成，再來則是呈現1910年時期藥田巷與藥局的樣貌。二樓則可體驗傳統服裝、韓藥足浴、韓方手工皂、試喝韓方茶飲，讓旅客透過五感體驗傳統文化的精髓。

INFO

⌂ 入大邱市中區南城路51-1／대구시 중구 남성로51-1（達句伐大路415街49／달구빌대로415길 49）

☏ 053-253-4729

⌚ 09：00～18：00 每月最後的週三延長至20：00，週一及中秋、元旦、春節公休

$ 體驗費用說明／付費體驗：韓方足浴₩5000（20分鐘）、韓方手工皂₩3000（20分鐘）、韓方護唇膏₩4000（10分鐘）／免費體驗：傳統醫師&醫女服、韓方茶飲

⊕ http://dgom.daegu.go.kr （中英日韓）

🚇 地鐵半月堂18號出口，經過現代百貨後右轉再直走即可抵達，步行時間約3分鐘。

📍 C,3

美食 大樹家韓方蔘雞湯

| 큰나무집궁중약백숙 | **韓方乾鍋口碑推薦！**

　　不少朋友到韓國都會指名要吃補氣養身的蔘雞湯，到了以中藥材聞名的大邱可以改試藥膳口味。

　　強調「身土不二」即代表所用食材皆國產，這裡的韓方乾鍋人蔘雞吃法較特別，加了黑糯米、人蔘、當歸、枸杞、黃耆、銀杏等多種藥材熬煮，上桌後先乾吃，最後才會送上用蔘雞湯熬煮的藥膳粥，韓方藥膳湯頭比人蔘雞湯味道更濃郁，值得細細品味！

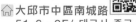

INFO3

藥令市場店／약령시분점

🏠 大邱市中區南城路 51-6，2F／대구시 중구 남성로 51-6，2층（南城路25／남성로 25）

📞 053-256-0709

🕐 10：00～21：00

💲 韓方乾鍋人蔘雞宮中藥白熟 ₩13000、人蔘雞湯큰나무집 ₩13000、鮑魚人蔘雞湯전복삼계탕₩17000

🗨 可1人用餐，每人須點一鍋，除韓方乾鍋之外其他低消為2份。現點現煮，熬製時間需20～30分鐘。

🌐 http://www.bigtreehouse.co.kr/

🚇 地鐵半月堂站18號出口，往舊第一教會方向，位於韓醫藥博物館旁。

📍 C,3

美食 喜來稀肉

| 서래갈매기 |

韓版肝連！花式吃法

　　韓國吃、烤選擇多樣，像是三層肉、里脊肉、豬頸肉、排骨等。而「갈매기」韓文諧音同海鷗，指的是豬的上橫膈膜部位，即「韓版肝連」。喜來稀肉由夯劇《太陽的後裔》打響知名度，值得一試的就是招牌海鷗肉，醃漬過的肉質軟嫩帶彈性，甜鹹適中也順口。烤肉店通常提供蒜頭、蒜片、泡菜，除了直接配肉吃，也可放到烤盤上加熱，感受道地韓式風味！就算不看劇，跟著吃烤肉也很過癮！

INFO

大邱東城路店／대구동성로점

🏠 大邱市中區三德洞1街 22-4 2F／대구시 중구 삼덕동1가 22-4（東城路5街79／동성로5길79）

📞 053-254-4539

🕐 11：30～03：00

💲 ₩6500起，肉品單點₩6500～15000，有中文菜單。

🚇 地鐵半月堂站10號出口直走，第3個橫巷看到CU左轉，繼續直走再第2個橫向路口左轉即可抵達，步行時間約10分鐘。

📍 F,4

中區　文青最愛的音樂風情　｜ 경대병원역 ｜

 玩樂 金光石街 ｜ 김광석길 ｜

以音樂為主題的壁畫街

這裡又叫金光石懷念壁畫之路（김광석다시그리기길），是為了紀念韓國八〇年代傳奇創作人—金光石，留下的名曲扣人心弦至今仍為人傳唱。因此從2010年年底開始，將住過的大鳳洞防川市場附近巷弄，以音樂及生活為主題打造「金光石街」。木吉他是金光石重要的創作樂器，所以不難發現有大量的畫作及裝置藝術都與音樂有關，約350公尺的巷弄，彩繪著各式各樣的壁畫，豐富傳神展現多樣的藝文風貌。韓劇《海德，哲基爾與我（愛的兩人三角）》以及《Oh My Venus》都曾到此取景。

壁畫牆的另一側則是有許多咖啡及小吃店家，在這裡逛街走拍、享受美食或者來杯咖啡輕鬆愜意，感受濃郁的音樂藝文氣息，感性又知性。與金光石街距離一條巷弄之隔的防川市場，也可順便逛逛大邱的傳統市場。

INFO

🏠 大邱市中區大鳳洞1-18一帶／대구시 중구 대봉동1-18일대（達句伐大路2238／달구벌대로2238）

📞 053-661-2623

🕐 週六12：00～14：00有音樂演出可觀賞

🚇 地鐵慶大醫院站（231）3號出口直走，經過5個橫向路口，看到金光石銅像右轉即是入口。

328 西門市場站

| 中區 | 最大傳統市場 | 서문시장역 |

韓國三大傳統市場之一的西門市場在朝鮮中期和平壤、江景市場並列為全國三大市場。1920年後為了擴大規模搬遷至現在的地點，市場規模龐大，從服飾、童裝、乾貨、各式美食小吃……，可說應有盡有。因為緊鄰地鐵站，進而帶動整體商圈發展，更成為到大邱不能錯過的景點之一。

美食 西門市場、夜市 | 서문시장、야시장 |

聚集各式美食小吃・吃貨必訪！

西門市場是大邱規模最大、極有歷史性的市場。大邱曾是朝鮮南部的商業中心，有「紡織城」、「時裝城」的美稱。現在的西門市場是韓國知名的布料市場，更聚集了各式美食小吃，佔地面積約八千多坪，目前約有四千多家商店。2016年開始晚上還有夜市，早晚市集各有特色，重點是這裡的小吃多到讓人眼花撩亂，如果是名正港吃貨絕對要找機會到這裡朝聖！

INFO

- 🏠 **大邱市中區大新洞115-378／대구시 중구 대신동115-378（틈장로26길45／大場路26街45）**
- 📞 053-256-6341
- 🕐 **市場09：00〜18：00、夜市19：00〜24：0（市場每月第一、三個週日公休；夜市全年無休，各店稍有不同）**
- 🌐 **市場seomun.eneeds.gethompy.com、夜市www.nightseomun.com**
- 🚇 **地鐵西門市場站3號出口出來即可看到東2門。**

必 吃 小 吃

西門市場區域説明

第1地區(1지구상가)：服飾、韓服布料、西裝、寢去
第3地區(3지구상가)：流行服飾、童裝、內睡衣、襪子以及布料
第4地區(4지구상가)：韓服、中高齡服飾、童裝、寢具
第5地區(5지구상가)：各式生活雜貨、棉被、窗簾、廚具
亞真商街(아진상가)：各類服飾材料、包包材料
東山商街(동산상가)：節慶祭祀用品、烹飪清潔類
魚乾商區(건나물상가)：各類海鮮乾貨

※第4區域因火災暫不開放

薄皮餃子／납작만두
（每碗₩3000）

大邱特有的薄皮餃子（扁餃子），外皮微焦，內餡有少量粉絲、韭菜、蔥等，可搭配年糕一起吃，看似平淡卻能讓人意猶未盡。

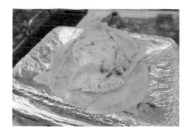

刀削麵／손칼국수
（每碗₩4000）

市場內很常見的庶民美食，簡單的鯷魚湯頭清甜順口，可依個人喜好加入泡菜或青龍椒調味。依據喜好可點刀削麵손칼국수、麵疙瘩손수제비、綜合섞어、湯麵線잔치국수。

烏龍麵／우동
（每碗₩4000）

烏龍麵是很大眾化的國民美食，路邊攤或餐廳隨處可見，豆皮、紫菜、蔥，辣椒粉畫龍點睛，清淡中帶點家常。　※市場麵類不鼓勵共食，低消為每人1份餐點

魚糕／어물
（每碗₩1000）

韓國的頭號街頭小吃當屬辣炒年糕和魚糕了，大部份都是像關東煮料理方式，大邱則是會再加辣醬。特別是在冷冷的冬天，一口魚糕一口湯，這種滋味特別難忘。

辣炒年糕／떡볶이
（每碗₩3000）

辣炒年糕到處都有，但西門市場的特別之處是可搭配薄皮餃子一起吃，這裡的薄皮餃子強調咬勁，到大邱很推薦嚐試看看這樣的組合！

血腸／순대
（每碗₩4000）

將糯米、豬血、冬粉等食材灌入腸衣就是道地的韓國血腸，可炸可清蒸、辣炒，口感像是台灣糯米腸加豬血糕。不過有許多旅客不敢嘗試，可説是另類的韓國美食。

226 頭流站

達西區 | 市區都市公園 | 두류역

頭流站位於頭流山及頭流公園附近，公園內有運動、文化休閒以及娛樂設施，不同季節可賞櫻賞楓，每年的炸雞啤酒節也在此舉辦。就連韓國第二大市區主題遊樂園E-world及大邱塔都全部囊括，功能十足。附近還有個新內唐市場，屬於傳統早市，可順便走訪。

玩樂 83 Tower | 83타워 |

遍覽大邱絢爛日夜景

高達202公尺的83塔（又叫大邱塔），一眼就能眺望大邱全景，晚上多了燈光點綴更加繽紛閃耀。另外一邊是旋轉餐廳享受餐點的同時又能欣賞日夜皆美的不同景色。全家大小可體驗各種設施，情侶或朋友們也能拍照打卡玩得盡興！是大邱超人氣、必訪的知名景點。

INFO

🏠 大邱市達西區頭流洞／대구시 달서구 두류동（頭流公園路200/두류공원로 200）

📞 053-620-0001

🕐 10：00～22：00（入場截止至21：00）

🌐 http://www.eworld.kr（韓）

🚇 地鐵頭流站15號出口出來先直走後左轉，繼續直走約6分鐘左右即可抵達。

玩樂 # E-world | 이월드 |

大邱最大主題樂園

　　每個城市總有專屬的代表性地標，就像首爾之於樂天世界、63大廈，那麼大邱的代表就是E-world及83 Tower了！

　　E-world是大邱市區內大型主題綜合樂園，也是目前唯一將塔與樂園融為一體的娛樂城。園區內有適合各年齡層的遊樂設施，不同季節還有不同節慶：春天賞夜櫻、夏天煙火節、冬天星光慶典……。配合四季花季，節慶佈置完全營造出歡樂浪漫的氛圍。

E-world入場費用

$ ①入場費：基本門票（Admission）₩18000、青少年₩11000、小孩₩10000，可進樂園及欣賞表演但不包含83塔

②一日券：通票（One-day Pass）₩37000、青少年₩32000、小孩₩21000，含樂園、83塔及溜冰場等設施

③星光票：夜間通票（One-day Pass Night）₩21000，含樂園與表演但不含83塔，限17：00之後進場

不進園也可以上83塔

從樂園入口處步行至83塔入口處約需15分鐘，可不進樂園搭83塔。

Stop1.進門後左轉巴士處坐接駁車前往。

Step2.從ELEVATOR HALL的1樓往83 TOWER L樓層（4樓）櫃台購票，成人₩10000、小孩₩5000，營業時間：10：00～22：00。

※接駁車約半小時一班，單程約5分鐘左右，接駁車營運時間為10：00～22：00，每月第一及第三個週一公休

※也可搭乘空中纜車直接抵達83塔入口處，但須購買樂園入場券才能搭纜車。

125 安吉郎站

南區　大邱繁榮商圈　　│ 안지랑역 │

大邱市是盆地地形，南邊有琵琶山，北方有八公山，還有環城山、最頂山等環繞。琵琶山最高海拔約658公尺，左右各有山城山（653公尺）、大德山（546公尺），三座山峰溪谷座落著前山公園，山頂有前山展望台可俯瞰整個大邱市。靠近安吉郎站還有前山咖啡館及烤腸一條街，運動休閒或是享受美食機能豐富。

安吉郎烤腸街　│ 안지랑곱창골목 │

道地下酒菜

　　「大邱十味」中其中一味就是烤腸，聚集在安吉郎烤腸街約有50多家店，其實各家口味皆有特色，可依個人喜好選擇。建議可選擇以碳烤料理方式，會比鐵板來得有香氣，烤久一點讓表面略焦會更有嚼勁。不能免俗地搭配燒酒，體驗韓國道地下酒菜，有機會到大邱玩的話絕對不要錯過這特色美食！

INFO

- 🏠 大邱市南區大明洞／대구시 남구 대명동
- 🕐 約12：00～01：00（大約，各店不一）週日輪休，元旦、春節公休
- 💲 每份₩8000起，小腸곱창、大腸막창、辣炒大腸불막창、牛腸소막창（未調味생、調味양념）
- 🍽 可1人用餐，須點2人份以上
- 🚇 地鐵安吉郎站3出口一直往前走約3分鐘左右後，看到三叉路口後右轉即可看到烤腸街入口
- ※各店家菜單可通用，大部份使用的是豬腸非牛腸

前山纜車&展望台 ｜ 앞산케이블카 & 전망대 ｜

看見大邱最美的風景

　　前山公園展望台是離市區最近，可搭乘總長度790公尺的登山纜車，登高眺望整個大邱市，視野遼闊讓人心曠神怡，不論白天或夜晚各有風情。園區設有許多散步道，是大邱市民的休憩活動空間。與前山相連，有山城山以及大德山各步道，長度約2～4公里不等，可視個人體力前往。

INFO

🏠 大邱市南區大明洞／대구시 남구 대명동（前山循環路574-87／앞산순환로 574-87）

📞 053-656-299

🌐 http://www.apsan-cablecar.co.kr/（韓）

🕐 夏季（3～9月）平日10：00～19：00，假日至20：00／冬季（10～2月）平日10：00～18：00，假日至18：30

💲 纜車費用：單程成人₩7500、兒童₩5500；來回成人₩9500、兒童₩7500

🚗 ①計程車：可從地鐵安吉郎站2號出口搭計程車至「Apsan Cable Car（앞산케이블카）」前山纜車站，車程約10分鐘以內，所需費用約₩4500左右。
②纜車抵達後再往前走約200公尺至前山展望台（Apsan Observatory），時間約6至8分鐘。

從公車站前往展望台路線

STEP 1　公車總站下車處

STEP 2　步行至公園管制入口

STEP 3　經過洛東江戰勝紀念館

STEP 4　往前山纜車徒步方向

STEP 5　抵達前山纜車站

STEP 6　下纜車後，往觀景台步行方向

回程方式

　　從前山纜車站較不方便攔計程車，需步行到公園管制入口攔車。或繼續下行至公車終點站搭乘410號公車回安吉郎站。

※ 410、410-1為循環公車，上車前請務必確認行駛方向

回程公車上車處

釜山特色一條街

韓國有一個著名特色，就是會將著名料理集中到同一條街上販賣，形成獨特的一條街文化，所以釜山當然也不例外！究竟釜山有哪些美食一條街呢？讓我們一起探訪這些特別街道吧！

富平洞豬腳街

參閱頁數／ P.95

　　釜山札嘎其站附近有一條街聚集了許多家專賣豬腳的餐廳，又以其中2家最為有名，快來品嘗最道地的韓國豬腳！

東萊蔥煎餅街

參閱頁數／ P.125

　　以釜山當地的嫩蔥、韭菜和海鮮香煎而成的煎餅遠近馳名，這條煎餅街上約莫十來家店，價格合理且用料實在，絕對值得到場一試！

豬肉湯飯街

參閱頁數／ P.104

　　韓國吃到的多半都是牛肉湯飯，釜山則因為習慣關係喜歡用豬大骨熬湯，因此有豬肉湯飯這道道地美食。西面站旁的豬肉湯飯街便聚集了多家專賣店，每家的口味和配菜各有千秋！

田浦洞咖啡街

參閱頁數／ P.114

　　韓國人愛咖啡是眾所皆知的，這條揉合了傳統與現代的田浦洞咖啡街，原本是五金行聚集的街巷，2010年開始，咖啡店慢慢布滿了這條巷子，在這裡，有許多爭奇鬥艷的咖啡館，等著旅人們駐足。

瘋釜山 姊妹揪團

2019增訂版

地鐵暢遊×道地美食
×購物攻略×打卡聖地，
延伸暢遊新興旅遊勝地大邱

http://www.ju-zi.com.tw

三友圖書
友直 友諒 友多聞

作　　　者	顏安娜
文字協力	高小琪
編　　　輯	林憶欣
美術設計	劉錦堂
街道圖繪製	蔣文欣
地鐵圖繪製	Lili
校　　　對	林憶欣、黃莛匀 徐詩淵、吳嘉芬

發　行　人	程顯灝
總　編　輯	呂增娣
主　　　編	徐詩淵
編　　　輯	吳雅芳、黃勻薔、簡語謙
美術主編	劉錦堂
美術編輯	吳靖玟、劉庭安
行銷總監	呂增慧
資深行銷	吳孟蓉
行銷企劃	羅詠馨

發　行　部	侯莉莉
財　務　部	許麗娟、陳美齡
印　　　務	許丁財
出　版　者	四塊玉文創有限公司

總　代　理	三友圖書有限公司
地　　　址	106台北市安和路2段213號4樓
電　　　話	(02) 2377-4155
傳　　　真	(02) 2377-4355
E-mail	service@sanyau.com.tw
郵政劃撥	05844889 三友圖書有限公司

總　經　銷	大和書報圖書股份有限公司
地　　　址	新北市新莊區五工五路2號
電　　　話	(02) 8990-2588
傳　　　真	(02) 2299-7900

製版印刷	卡樂彩色製版印刷有限公司
初　　　版	2019年 04月
一版二刷	2019年 12月
定　　　價	新台幣 360元
Ｉ　Ｓ　Ｂ　Ｎ	978-957-8587-68-7（平裝）

版權所有・翻印必究
書若有破損缺頁 請寄回本社更換

國家圖書館出版品預行編目(CIP)資料

姊妹揪團瘋釜山2019增訂版：地鐵暢遊x道地美
食x購物攻略x打卡聖地，延伸暢遊新興旅遊勝地
大邱 / 顏安娜作. -- 初版. -- 臺北市：四塊玉文創,
2019.04

面；　公分
ISBN 978-957-8587-68-7(平裝)

1.旅遊 2.韓國釜山市
732.7899　　　　　　　　108004346

人氣姊妹作——
《姊妹揪團瘋首爾》

千萬部落客顏安娜的首本著作——《姊妹揪團瘋首爾》，帶領讀者前進韓國首都，來去首爾當位道地韓妞！

作者：顏安娜
定價：360元

◎韓系美妝大評比

從平價美妝保養品牌、綜合商店到集團品牌，還有皮膚科醫生或醫美診所的自創品牌，為你系統性整理不可不知的最夯美妝、保養情報。

◎來到首爾當韓妞

揭露韓式汗蒸幕、艾草坐浴的奧祕，看韓妞如何保養；帶你體驗韓服美妝及美妝寫真，過過一日韓星癮；提供迷妹追星景點，重現浪漫韓劇經典場景。

◎流行指標好好Buy

方便又平價的五大地下街、時尚的四大潮流聚集地，以及撿便宜的精品 outlets，還有韓國超市大點名，提供自用或當作伴手禮都很適合的必買清單，女孩們非去不可的購物好地方。

◎再胖也要吃的流淚美食

不敢吃辣也能享用的不辣美食、飽腹感十足的烤肉料理……女孩們不可不吃的道地韓式料理。

◎超詳盡的行前準備

從天氣、時差、行李準備、簽證、機票、飯店、交通、換匯、出入境、租用網路、實用 APP 推薦……到機場介紹及退稅策略，鉅細靡遺報你知！

全世界都是我家：一家五口的環遊世界之旅
作者：賴啟文、賴玉婷
定價：380元

　　因為旅行相識，組成家庭的兩夫妻，在三個孩子陸續報到後，還是攤開地圖，準備帶著孩子一起旅行，地圖上的每一個國家、每一個城市，看來都是可以駐足的好地方，那就……每個地方都去吧！背起背包、揹起孩子，全家環遊世界去！

搖滾吧！環遊世界
作者：Hance、Mengo
定價：320元

　　環遊世界對你而言，是否就像天方夜譚？平凡的七年級生Hance&Mengo，用實際的行動，大聲告訴你：夢想並不遙遠，你缺少的只是大步向前的決心！

別怕！B咖也能闖進倫敦名牌圈：留學X打工X生活，那些倫敦人教我的事
作者：湯姆（Thomas Chu）
定價：360元

　　一樣是海外打工度假，他卻在APPLE、Burberry、AllSaints……等品牌工作！打工度假不是只能在果園、農場、餐廳……你可以擁有更好的！面試實戰經驗，精彩倫敦體驗，橫跨留學、工作、生活，倫敦給他的三年，跟別人不一樣。

《關西單車自助全攻略：無料達人帶路，到大阪、京都騎單車過生活！》
作者／Carmen Tang
定價／350元

　　用最適合的速度、最獨特的視野，體驗大阪、感受京都，循著旅遊達人提供的踩踏路線，及詳實的地圖、QRcode資訊，初到日本遊玩的人，也能輕鬆完成屬於自己的單車之旅。

《關西Free Pass自助全攻略：教你用最省的方式，遊大阪、京都、大關西地區》
作者：Carmen Tang
定價：350元

　　想節省旅費又想玩遍景點，想深度旅遊又怕看不懂地圖，專則介紹大關西地區交通車券，幫你分門別類、叮嚀解析，用最簡單的方式讓你搞懂周遊券，用最省錢的方法讓你玩遍關西。

《日本Free Pass自助全攻略：教你用最省的方式，深度遊日本》
作者：Carmen Tang
定價：350元

　　對廉價航空、背包客棧的資訊已經倒背如流？東京、大阪已經走到不能再透？無料達人Carmen Tang不藏私傳授，最省、最好玩、CP值最高的玩法！

地址： 縣/市　　　鄉/鎮/市/區　　　路/街

段　　巷　　弄　　號　　樓

廣 告 回 函
台北郵局登記證
台北廣字第2780 號

三友圖書有限公司 收
SANYAU PUBLISHING CO., LTD.

106　台北市安和路2段213號4樓

三友圖書
讀書俱樂部

「填妥本回函，寄回本社」，
即可免費獲得好好刊。

\ 粉絲招募歡迎加入 /

臉書／痞客邦搜尋
「四塊玉文創／橘子文化／食為天文創
三友圖書──微胖男女編輯社」
加入將優先得到出版社提供的相關
優惠、新書活動等好康訊息。

四塊玉文創╳橘子文化╳食為天文創╳旗林文化
http://www.ju-zi.com.tw
https://www.facebook.com/comehomelife

親愛的讀者：

感謝您購買《姊妹揪團瘋釜山2019增訂版：地鐵暢遊×道地美食×購物攻略×打卡聖地，延伸暢遊新興旅遊勝地大邱》一書，為感謝您對本書的支持與愛護，只要填妥本回函，並寄回本社，即可成為三友圖書會員，將定期提供新書資訊及各種優惠給您。

姓名＿＿＿＿＿＿＿＿＿＿＿＿＿＿＿＿＿＿＿ 出生年月日＿＿＿＿＿＿＿＿＿＿＿＿＿＿

電話＿＿＿＿＿＿＿＿＿＿＿＿＿＿＿＿ E-mail＿＿＿＿＿＿＿＿＿＿＿＿＿＿＿＿＿

通訊地址＿＿＿＿＿＿＿＿＿＿＿＿＿＿＿＿＿＿＿＿＿＿＿＿＿＿＿＿＿＿＿＿＿＿＿＿＿

臉書帳號＿＿＿＿＿＿＿＿＿＿＿＿＿＿＿＿＿＿＿＿＿＿＿＿＿＿＿＿＿＿＿＿＿＿＿＿＿

部落格名稱＿＿＿＿＿＿＿＿＿＿＿＿＿＿＿＿＿＿＿＿＿＿＿＿＿＿＿＿＿＿＿＿＿＿＿＿

1 年齡
□18歲以下 □19歲～25歲 □26歲～35歲 □36歲～45歲 □46歲～55歲
□56歲～65歲 □66歲～75歲 □76歲～85歲 □86歲以上

2 職業
□軍公教 □工 □商 □自由業 □服務業 □農林漁牧業 □家管 □學生
□其他＿＿＿＿＿＿＿＿＿＿＿＿＿＿＿＿＿＿＿＿＿＿＿＿＿＿＿＿＿＿＿＿＿＿＿

3 您從何處購得本書？
□博客來 □金石堂網書 □讀冊 □誠品網書 □其他＿＿＿＿＿＿＿＿＿＿＿＿＿＿
□實體書店＿＿＿＿＿＿＿＿＿＿＿＿＿＿＿＿＿＿＿＿＿＿＿＿＿＿＿＿＿＿＿＿＿

4 您從何處得知本書？
□博客來 □金石堂網書 □讀冊 □誠品網書 □其他＿＿＿＿＿＿＿＿＿＿
□實體書店＿＿＿＿＿＿＿＿ □FB（三友圖書-微胖男女編輯社）＿＿＿＿＿＿＿＿＿＿
□好好刊（雙月刊） □朋友推薦 □廣播媒體

5 您購買本書的因素有哪些？（可複選）
□作者 □內容 □圖片 □版面編排 □其他＿＿＿＿＿＿＿＿＿＿＿＿＿＿＿＿＿＿

6 您覺得本書的封面設計如何？
□非常滿意 □滿意 □普通 □很差 □其他＿＿＿＿＿＿＿＿＿＿＿＿＿＿＿＿＿＿＿

7 非常感謝您購買此書，您還對哪些主題有興趣？（可複選）
□中西食譜 □點心烘焙 □飲品類 □旅遊 □養生保健 □瘦身美妝 □手作 □寵物
□商業理財 □心靈療癒 □小説 □其他＿＿＿＿＿＿＿＿＿＿＿＿＿＿＿＿＿＿

8 您每個月的購書預算為多少金額？
□1,000元以下 □1,001～2,000元 □2,001～3,000元 □3,001～4,000元
□4,001～5,000元 □5,001元以上

9 若出版的書籍搭配贈品活動，您比較喜歡哪一類型的贈品？（可選2種）
□食品調味類 □鍋具類 □家電用品類 □書籍類 □生活用品類 □DIY手作類
□交通票券類 □展演活動票券類 □其他＿＿＿＿＿＿＿＿＿＿＿＿＿＿＿＿＿

10 您認為本書尚需改進之處？以及對我們的意見？
＿＿＿＿＿＿＿＿＿＿＿＿＿＿＿＿＿＿＿＿＿＿＿＿＿＿＿＿＿＿＿＿＿＿＿＿＿＿＿

感謝您的填寫，

您寶貴的建議是我們進步的動力！

釜山初體驗

炸雞地圖

巨人炸雞	梁山炸雞	老爺炸雞	古早味炸雞	七七炸雞
□DAY___	□DAY___	□DAY___	□DAY___	□DAY___

血拼聖地

南浦
□

廣安大橋	多大浦夢幻夕陽噴泉	南日吧《三流之路》拍攝地	無敵海景	松島天空步道	影島天空觀景台	五六島天空步道	青沙展望□
□DAY___	□DAY___	□DAY___		□DAY___	□DAY___	□DAY___	□□

釜山地鐵1號線

中央站

白鷗堂	40階梯文化觀光主題街	慢履藝術市集	BETTER MONDAY drink	祖方章魚	釜山近代歷史館	寶水書街
□DAY___	□DAY___	□DAY___	□DAY___	□DAY___	□DAY___	□□

七七炸雞	KAKAO FRIENDS	南浦蔘雞湯	Check in Busan	東名刀削麵	豆田裡嫩豆腐	影島大橋	太宗
□DAY___	□DAY___	□DAY___	□DAY___	□DAY___	□DAY___	□DAY___	□□

國際市場	阿里郎美食街	昌善洞紅豆冰	富平市場	李家辣炒年糕	故鄉泡菜鍋	富平洞豬腳街	釜山炭火燒肉	富平奶油□
□DAY___	□DAY___	□DAY___	□DAY___	□DAY___	□DAY___	□DAY___	□DAY___	□□

五福蔘雞湯	釜山碳烤豬肋排	海東海鮮鍋	鄉間飯桌	茶田	金剛部隊鍋	皇帝潛水艇	我爐	捕盜□
□DAY___	□DAY___	□DAY___	□DAY___	□DAY___	□DAY___	□DAY___	□DAY___	□□

Object 思物	西面藝術自由市集	釜山大站	CAFE BAN DITREE	即食辣炒年糕	釜山大學前保稅街	Croce94	釜山大前吐司街巷	名物□
□DAY___	□DAY___		□DAY___	□DAY___	□DAY___	□DAY___	□DAY___	□□

舊東海鐵道 □DAY___
推理文學館 □DAY___
青沙浦踏石展望台 □DAY___
CAFE ROOF TOP □DAY___
海雲台站
海雲台海水浴場 □DAY___
古來思魚糕 □DAY___
百利家炸雞 □DAY___

捲
DAILY PAN □DAY___
OPS麵包店 □DAY___
海雲台帳篷馬車村 □DAY___
傳說中的蔘雞湯 □DAY___
那時候的那間店 □DAY___
釜山水族館 □DAY___
冬柏站
冬柏島海岸散步路 □DAY___

蠔
廣安大橋 □DAY___
廣安里海水浴場 □DAY___
SUMM ERS's □DAY___
本家豆芽醒酒湯 □DAY___
3rd Seo Rab Cafe □DAY___
民樂生魚片市場 □DAY___
CON □DAY___

蠔
二妓台公園 □DAY___
大淵站
起麵包匠人 □DAY___
釜山博物館 □DAY___
雙胞胎豬肉湯飯 □DAY___
五六島炒章魚 □DAY___

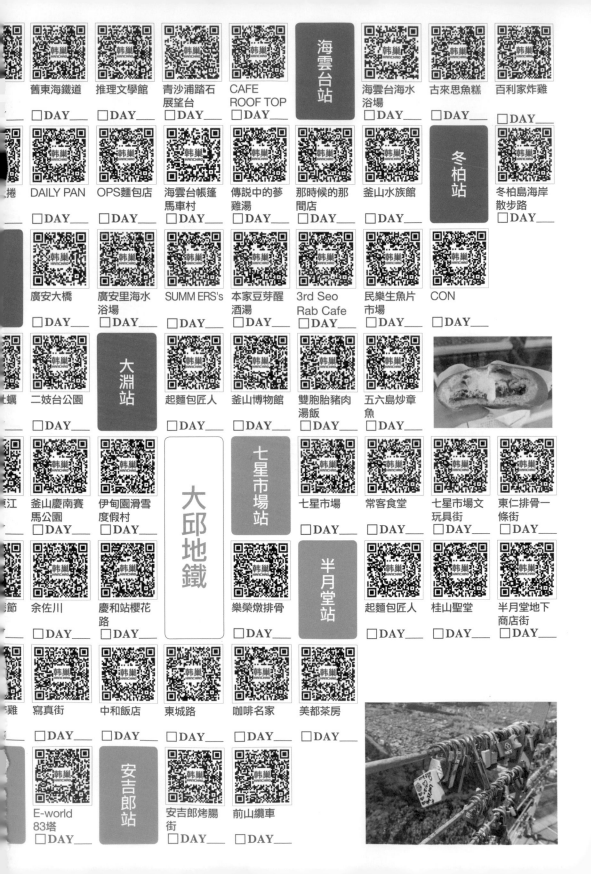

江
釜山慶南賽馬公園 □DAY___
伊甸園滑雪度假村 □DAY___
大邱地鐵
七星市場站
七星市場 □DAY___
常客食堂 □DAY___
七星市場文玩具街 □DAY___
東仁排骨一條街 □DAY___

節
余佐川 □DAY___
慶和站櫻花路 □DAY___
樂榮燉排骨 □DAY___
半月堂站
起麵包匠人 □DAY___
桂山聖堂 □DAY___
半月堂地下商店街 □DAY___

雞
寫真街 □DAY___
中和飯店 □DAY___
東城路 □DAY___
咖啡名家 □DAY___
美都茶房 □DAY___

E-world 83塔 □DAY___
安吉郎站
安吉郎烤腸街 □DAY___
前山纜車 □DAY___

民俗村 □DAY___
東萊奶奶蔥煎餅 □DAY___

釜山地鐵 2 號線

中洞站

老奶奶家元祖河豚湯 □DAY___
舒暢鱈魚湯 □DAY___
尾浦港觀光遊覽船 □DAY___
三浦散步路 □DAY___
迎月嶺 □DAY___

金剛纜車 □DAY___
梵魚寺 □DAY___

伍班長烤肉 □DAY___
黃色炸雞 □DAY___
海雲台傳統市場 □DAY___
老洪餃子刀削麵 □DAY___
名物炸物 □DAY___
尚國家飯 □DAY___

APEC世峰樓 □DAY___
The Bay 101 □DAY___
電影大道 □DAY___

Centum city 站

BEXCO □DAY___
新世界百貨 □DAY___
Spa Land □DAY___
電影殿堂 □DAY___

廣安站

老奶奶元祖河蜆湯 □DAY___
橋之家辣炒年糕 □DAY___
AQUA PALACE □DAY___

慶星大站
釜慶大站

REDEYE □DAY___
THE Premium □DAY___
CAFE 301 □DAY___
韓屋家燉泡菜 □DAY___
鄉土家燉湯飯 □DAY___

東海電鐵

松亭站

機張站

舊松亭火車站 □DAY___
松亭海水浴場 □DAY___

OSIRIA 站

海東龍宮寺 □DAY___
樂天東釜山 OUTLETS □DAY___

釜山近郊

金海洛東鐵道

鎮海軍港櫻花季 □DAY___

機張市場 □DAY___
雪蟹之家 □DAY___
機張雪蟹 □DAY___

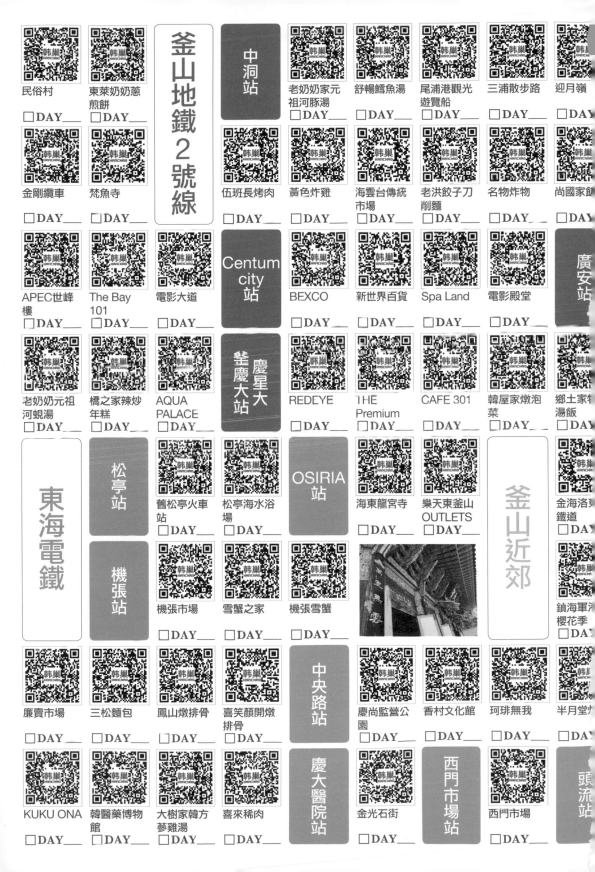

廉賣市場 □DAY___
三松麵包 □DAY___
鳳山燉排骨 □DAY___
喜笑顏開燉排骨 □DAY___

中央路站

慶尚監營公園 □DAY___
香村文化館 □DAY___
珂琲無我 □DAY___
半月堂 □DAY___

KUKU ONA □DAY___
韓醫藥博物館 □DAY___
大樹家韓方蔘雞湯 □DAY___
喜來稀肉 □DAY___

慶大醫院站

金光石街 □DAY___

西門市場站

西門市場 □DAY___

頭流站

…洞 □AY___	國際市場 □DAY___	西面 □DAY___	釜山大學商圈 □DAY___	Centum City □DAY___	**吸睛夜景**	The Bay 101 □DAY___	BIFC 63 □DAY___	電影殿堂 □DAY___
…浦踏石台 …AY___	**獨特藝術**	甘川洞文化村 □DAY___	楮田壁畫村 □DAY___	佐川洞埋筑地 □DAY___	**韓服體驗**	釜山博物館 □DAY___	BEXCO □DAY___	甘川洞文化村 □DAY___
…洞舊 …AY___	**南浦站**	casamia家飾店 □DAY___	龍頭山公園 □DAY___	正直的金先生 □DAY___	樂天百貨光復店 □DAY___	光復洞時裝街 □DAY___	味贊王鹽烤肉 □DAY___	99無限五花 □DAY___
…台 …AY___	太宗台烤貝村 □DAY___	絕影海岸散步路 □DAY___	**札嘎其站**	BIFF廣場 □DAY___	豚王五花肉 □DAY___	札嘎其市場 □DAY___	Y'Z PARK □DAY___	老爺炸雞 □DAY___
…市場奶豆腐包 …AY___	巨人炸雞 □DAY___	**多大浦站**	多大浦 □DAY___	多大浦夢幻夕陽噴泉 □DAY___	**西面站**	機張手工刀削麵 □DAY___	梁山炸雞 □DAY___	范泰傳統手工炸醬麵 □DAY___
…廳 …AY___	太和百貨 □DAY___	高峰民紫菜包飯 □DAY___	MOLLE CAFE □DAY___	Martin CAFE □DAY___	田浦洞咖啡街 □DAY___	Bakers' □DAY___	軟雲堂 □DAY___	U:DALLY □DAY___
…吐司 …AY___	豚大將 □DAY___	NC百貨釜山大店 □DAY___	SALON DE BONHEUR □DAY___	**溫泉場站**	MOMOS COFFEE □DAY___	東萊溫泉露天足浴 □DAY___	虛心廳 □DAY___	東萊蔥煎餅街 □DAY___